Mosche Chajim Luzzatto

DER WEG DER FROMMEN

Mosche Chajim Luzzatto

DER WEG DER FROMMEN

Eine Auswahl

Herausgegeben von
Walter Homolka

Anaconda

Die Deutsche Nationalbibliothek verzeichnet diese Publikation in der Deutschen Nationalbibliografie; detaillierte bibliografische Daten sind im Internet unter http://dnb.d-nb.de abrufbar.

Umschlagmotiv: »set of hawaii collection silhouettes isolated on white background«, © SalomeNJ / Shutterstock
Umschlaggestaltung: Druckfrei. Dagmar Herrmann, Bonn
Satz und Layout: Roland Poferl Print-Design, Köln
Printed in Germany 2017
ISBN 978-3-7306-0499-1
www.anacondaverlag.de
info@anacondaverlag.de

INHALT

Baraita des Rabbi Pinchas ben Jair:

Die Tora führt zur Achtsamkeit,
die Achtsamkeit zum Eifer,
wer eifrig ist, wird lauter,
wer lauter ist, der übt Zurückhaltung,
die Zurückhaltung führt zur Reinheit,
die Reinheit zur Frömmigkeit,
die Frömmigkeit zur Demut,
die Demut zur Furcht vor der Sünde
und diese endlich führt zur Heiligkeit.

VORWORT

Wer möchte nicht wissen, wie man den Weg der Frommen beschreiten kann und damit Gottes Nähe gewinnt?

Kann man aus eigenem Antrieb sich auf diesen Weg machen und reichen die menschlichen Kräfte, um zur Heiligkeit des Lebens zu gelangen? Kommt Gott einem bei all diesem Streben und Mühen entgegen und hilft er dabei, sich finden zu lassen? Was schließlich ist der Lohn, den wir empfangen und das Ziel, das am Ende des Pfades uns winkt?

Dies sind die Grundfragen der Menschen in ihrer Existenz zwischen den Polen von Gnade und Gerechtigkeit.

Rabbi Mosche Chajim Luzzatto, ein jüdischer Weiser, versucht uns zu antworten. Er gibt uns ein Kursbuch in die Hand, um uns für die Reise zu rüsten.

Damit zeigt er zum einen den jüdischen Weg auf. Zum anderen aber legt er uns offen, dass über Religionsgrenzen hinaus ein tiefes Verstehen über Jahrhunderte wuchs, wie wir Menschen zu Gott gelangen könnten.

Lassen Sie sich ein auf diesen Begleiter in Ihrem Tasten auf dem Weg hin zu Gott.

Rabbiner Walter Homolka

Rektor des Abraham Geiger Kollegs an der Universität Potsdam
zum 20. Ordinationsjubiläum am 2. Juni 2017

EINFÜHRUNG

Mosche Chajim Luzzatto (1707–1746), hebräischer Dichter und Kabbalist, wurde in Padua als Sohn einer berühmten Familie geboren.

1729 wurde er als junger Mann wegen seiner mystischen Visionen von Rabbiner Moses Chagis in Altona hart kritisiert und von zahlreichen deutschen Rabbinern mit dem Bann belegt: 1730 wurde er dennoch durch Jesaja Bassani und dessen Schule zum Rabbiner ordiniert.

Voraussetzung war, dem Studium der Kabbala bis zu seinem 40. Lebensjahr zu entsagen und seine mystischen Schriften in einer Truhe zu versiegeln.

Diese Truhe wird später vom Frankfurter Rabbiner Jakob Poppers verbrannt, viele Schriften sind dadurch verloren. 1735 in Venedig erneut mit dem Bann belegt, verlässt Luzzatto seine Heimat und wird in Amsterdam mit allen Ehren aufgenommen. Als Diamantschleifer und Leiter der rabbinischen Akademie gelangt er zu Wohlstand.

Als sein 40. Lebensjahr herannaht, beschließt Luzzatto, nach Eretz Israel, ins Heilige Land, zu gehen. 1744 befindet er sich bereits in Akko, wo er 1746 mit seiner Familie an der Pest stirbt.

Das von Luzzatto 1740 in Amsterdam verfasste Werk »Messillat Jescharim« (Weg der Frommen) nimmt in der religiös-ethischen Literatur des Judentums einen der ersten Plätze ein.

Es ist eine Einübung in die stete und geistige Verbundenheit mit dem Göttlichen. Die Herzenswärme und Unmittelbarkeit Luzzattos machen den »Weg der Frommen« zu einem in allen Schichten des Volkes beliebten Werk. Es beeinflusst den Chassidismus des Baal Schem Tow und die Mussar-Bewegung.

Meine Auswahl und Bearbeitung beruht auf der Übersetzung des Talmudisten und Religionsphilosophen Josef Wohlgemuth (1867–1942) von 1906. Wohlgemuth war Dozent am orthodoxen Rabbinerseminar Berlin und einer der Wortführer der Orthodoxie gegen das liberale Mehrheitsjudentum des 20. Jahrhunderts.

Ich widme dieses Bändchen in Dankbarkeit einem langjährigen Weggefährten auf der Suche nach Gott, Superintendent Dr. Bertold Höcker, Berlin.

DER BERUF DES MENSCHEN HIER AUF ERDEN

Was ist die Grundlage aller Frömmigkeit, die Wurzel aller echten religiösen Betätigung?

Dass der Mensch sich darüber klar werde, was denn eigentlich sein Beruf hier auf Erden sei, worauf er sein Sinnen und Trachten zu richten habe, solange er hier auf Erden sich abmüht.

Nun lehren uns die Weisen, dass der Mensch nur zu dem Zwecke erschaffen wurde, sich seines Gottes zu freuen und den Abglanz seiner Herrlichkeit zu genießen.

Der Ort dieser Wonne ist das Jenseits, denn dieses wurde als die eigentliche Stätte für diese Freude geschaffen. Aber der Weg, der zu diesem unserem Ziel führt, geht über diese Welt.

Glück

Was die Menschen sonst als Glück betrachten, ist eitle Torheit und Tand. Das Glück, im Haus Gottes zu weilen, wird allerdings nur durch Mühe und Arbeit erlangt. Die Nähe Gottes will durch Werke errungen sein, durch die Befolgung der Gebote.

Gott aber hat den Menschen an einen Ort gestellt, wo vieles ihn von Gott losreißen will. Wenn er den sinnlichen Leidenschaften folgt, entfernt er sich immer mehr von seinem wahren Glück.

Er ist in einen schweren Kampf verwickelt, denn Gutes und Böses zugleich werden für den Menschen zu einer Prüfung: Armut von der einen, Reichtum von der anderen Seite.

»Habe ich Überfluss, dann könnte ich leicht Gott verleugnen und fragen, wer ist der Herr; bin ich arm, ich könnte nach fremdem Gut die Hand ausstrecken und mich an dem Namen Gottes vergreifen.« (Prov. 30,9)

Ebenso bedrohen ihn das Glück von der einen Seite, die Leiden von der anderen. Wenn er sich in diesem Kampf tapfer zeigt und Sieger bleibt, dann hat er die Vollkommenheit erlangt: das Glück, seinem Schöpfer ganz zu gehören, aus der Vorhalle in den Palast zu treten und im Licht des Lebens zu leuchten.

Die Welt ist nur für den Menschen geschaffen. Deshalb hängt die ganze Welt von der Lebensführung des Menschen ab. Folgt er dem Irdischen und entfernt sich von seinem Schöpfer, dann verdirbt er selbst und reißt die ganze Welt mit sich.

Beherrscht er sich aber und gibt sich seinem Schöpfer hin, dann steigt er selbst immer höher und mit ihm die ganze Welt. Denn alles, was Gott geschaffen hat, erhält eine höhere Würde, wenn es dem vollkommenen, dem heiligen Menschen dient.

Wäre der Mensch wirklich nur für das Diesseits geschaffen worden, wozu wäre ihm denn die Seele eingehaucht worden, die so hoch und erhaben ist, dass sie in der Reihe der Wesen einen noch höheren Rang einnimmt als die Engel. Sie hat keine Freude an den Genüssen der Welt: Wie eine Prinzessin, die einen Kleinstädter geheiratet hat, und vor der nichts Gnade gefunden hat, was er ihr auch an Schätzen bringen mag.

Die Seele

Die Seele: Du magst ihr alle Köstlichkeiten der Welt bieten, ihr bedeutet es nichts. Denn sie stammt ja von oben.

Die Seele ist deshalb in den Menschen gesetzt worden, weil sie eine rechte Arbeiterin ist. Mit ihrer Hilfe vermag der Mensch, der auf das Jenseits hin geschaffen wurde, den Lohn am rechten Ort erlangen. Dann wird der Seele nichts in dieser Welt verächtlich, sondern alles lieb und wert sein.

Die Bedeutung der Gebote

Darauf gründet sich das richtige Verständnis für die Bedeutung der Gebote und für den Wert unseres religiösen Engagements: als Mittel zur rechten Vollkommenheit, ohne die wir nichts erreichen können.

Hier ist die größte Sorgfalt anzuwenden, so als ob wir Gold und Perlen auf der Waage hätten.

So ist der eigentliche Beruf des Menschen hier auf Erden, die Gebote Gottes zu erfüllen, Ihm zu dienen und Seine Prüfung zu bestehen. Die Genüsse dieser Welt dürfen ihm nur als Hilfsmittel dienen. Sie sollen sein Gemüt erfreuen und seinem Geist Erholung geben, damit er sich völlig seinen eigentlichen Verpflichtungen widmen kann. Sein ganzes Streben nämlich muss auf Gott gerichtet sein. Bei allem, was er tut, und ist es noch so unbedeutend, muss ihm als Ziel vor Augen schweben: die Nähe Gottes zu suchen und jede Trennwand zu durchbrechen, die sich zwischen ihm und seinem Schöpfer auftürmt, alles Stoffliche und Irdische abzutun, bis er seinem Gott folgt, wie das Eisen dem Magnet.

Glaubt er, irgendwo ein Mittel gefunden zu haben, wie er sich Gott nähern kann, dann wende er alles auf, es zu erlangen, er halte es fest und lasse es nicht!

Glaubt er irgendwo ein Hindernis zu sehen, dann fliehe er es, als wäre es ein verzehrendes Feuer.

DIE ACHTSAMKEIT

Baraita des Rabbi Pinchas ben Jair:

Die Tora führt zur *Achtsamkeit*,
die Achtsamkeit zum Eifer,
wer eifrig ist, wird lauter,
wer lauter ist, der übt Zurückhaltung,
die Zurückhaltung führt zur Reinheit,
die Reinheit zur Frömmigkeit,
die Frömmigkeit zur Demut,
die Demut zur Furcht vor der Sünde
und diese endlich führt zur Heiligkeit

Bei allem, was man unternimmt, soll man auf der Hut sein, auf jeden Schritt und auf jede Handlung sorgsam achten, ob sie auch gerecht sind, damit die Seele nicht der Gefahr des Verderbens ausgesetzt wird und man nicht herumtappt wie der Blinde im Dunkeln.

Wer so gedankenlos ist, ohne sich zu überlegen, ob der eingeschlagene Weg gut oder schlecht ist, gleicht dem Blinden am Flussufer, der in der größten Gefahr schwebt und dessen Untergang nur allzu wahrscheinlich ist.

Der Prophet Jeremias sagt: »Keiner empfindet Reue über seine Bosheit, dass er spräche, was habe ich getan, in ihrem Laufen haben sie sich alle abgewandt, einem Pferd gleich, das unaufhaltsam im Kampf dahinstürmt.« (8,6) Das heißt, die Menschen rennen und jagen und lassen sich nicht Zeit, auf den Weg zu achten und ihr Tun zu überdenken. Deshalb stürzen sie unversehens ins Unglück.

Es gehört zu den listigen Ränken des bösen Triebes: Er überlastet die Menschen fortwährend mit Arbeit, damit sie gar keine Zeit finden, sich einmal zu überlegen, welchen Weg sie eingeschlagen haben. Er weiß ganz genau: Wenn sie nur einen Augenblick Halt machen würden und sich ihren Lebenswandel ansähen, würde bald die Reue geweckt und immer verzehrender brennen und sie würden die Sünde verlassen.

Wenn der Mensch aber noch so sehr auf sich achtet, Gott ihm aber nicht hilft, kann er sich vor dem bösen Trieb nicht retten, so übermächtig ist er. »Der Böse schaut aus nach dem Frommen und trachtet ihm nach dem Leben, Gott aber überlässt ihn nicht seiner Hand.« (Ps. 37,32)

Achtet nun der Mensch selbst auf sich, dann hilft ihm Gott, und er wird gerettet. Doch wenn er nicht selbst auf sich achtet, wird auch sicherlich Gott nicht auf ihn achten. Denn wenn der Mensch kein Mitleid mit sich hat, wer sollte es denn? »Wer keine Vernunft annimmt, mit dem darf man kein Erbarmen haben.« (Berachot 33a) »Und wenn ich nicht für mich sorge, wer soll es denn?« (Sprüche der Väter 1,4)

Orientierung

Nimm dir die Summe deiner Handlungen vor und überlege, ob nicht unter ihnen solche sind, die du nicht hättest ausführen dürfen, die nicht in Einklang zu bringen sind mit dem Gebot Gottes und seinen Gesetzen. Findest du solche, dann schaffe sie aus der Welt!

Auch deine guten Handlungen musst du dir ansehen, vielleicht bergen sie eine unlautere Nebenabsicht, vielleicht haben sie eine schlimme Seite, die man entfernen muss. Wie man einen Stoff untersucht, ob er noch gut ist und hält oder schon schwach ist und auseinandergeht, genauso muss man es mit seinen Taten machen. Scharf nehme man seine Handlungen vor und prüfe sie auf ihren Feingehalt, bis nur Reines und Lauteres zurückbleibt.

Man soll es so machen, wie die großen Kaufleute, die beständig den Gesamtbestand ihrer Geschäfte einer Inventur unterziehen, damit kein Schaden entsteht. So sollte man Tag für Tag seinen Wandel genau prüfen, sollte bestimmte Stunden dafür festlegen und diese mit eiserner Energie einhalten, statt diese Prüfung nur gelegentlich vorzunehmen.

Dies erinnert an den Irrgarten, wie er in fürstlichen Gärten zur Unterhaltung angelegt zu werden pflegt. Hecken ragen zu beiden Seiten als gepflanzte Wände in die Höhe, die Wege laufen durcheinander. Ein Weg sieht wie der andere aus und es kommt nun darauf an, die Säulenhalle in der Mitte des Labyrinths zu finden.

Ein Teil der Pfade führt geradewegs zur Säulenhalle. Ein anderer führt von ihr ab und lässt den Besucher in die Irre gehen. Wer im Irrgarten unterwegs ist, kann unmöglich merken, ob er auf dem rechten oder dem falschen Weg ist. Denn alle Wege sind gleich und nicht voneinander zu unterscheiden. Außer für den, der den Weg zum Ziel oft gegangen ist und ihn sich eingeprägt hat. Wer freilich in der Säulenhalle steht, der überblickt alle Wege gleichzeitig und kann zwischen den richtigen und falschen unterscheiden. Er kann auch die Ungeübten beraten und ihnen sagen, welches der richtige Weg ist. Wer ihm glaubt, der kommt ans Ziel. Wer dem Geübten aber nicht glauben will und sich lieber auf seine eigenen Augen verlässt, der irrt im Kreis umher und erreicht das Ziel niemals.

So ist es mit unserer Sache. Wer noch nicht die Herrschaft über seine Triebe errungen hat, der befindet sich noch im Labyrinth und kann die einzelnen Pfade nicht unterscheiden. Die Sieger über ihre Triebe aber, die die verschlungenen Pfade überwunden haben und zur Säulenhalle gelangt sind, können alle Wege deutlich überblicken. Dem, der hören will, können sie guten Rat geben, ihnen müssen wir Glauben schenken.

Und wie lautet dieser Rat: »Kommt, lasst uns Generalinventur halten, was wir durch eine gute Tat verloren haben gegenüber dem Gewinn, der aus ihr floss, und was wir durch eine Übertretung gewonnen haben gegenüber dem Schaden, den wir dadurch erlitten.« (Talmud, Baba Batra 78b)

Wir müssen also mit uns ständig zu Rate gehen, uns zu festgesetzten Stunden völlig zurückziehen und darüber nachdenken, was der rechte Weg ist, den der Mensch im Sinn der Tora gehen soll. Dann müssen wir uns in die einzelnen Handlungen vertiefen, ob sie mit dem nun als richtig erkannten Weg in Einklang stehen. So wird es uns leicht werden, von allem Bösen rein zu bleiben und stets den geraden Weg zu gehen.

»Wäge deines Fußes Bahn, dann werden alle deine Wege wohlgeordnet sein.« (Prov. 4,26)

Zum Erwerb der Achtsamkeit

Was den Menschen zur Achtsamkeit führt, das ist das Studium der Tora.

Wer nicht zu Lebzeiten viele gute Werke vollbracht hat, der kann sie später nicht vollbringen. Und wer nicht über seine Handlungen Rechenschaft abgelegt hat, für den ist dann keine Zeit, eine Berechnung anzustellen. Und wer in dieser Welt keine Erkenntnis angenommen hat, der wird sie nicht im Grabe gewinnen.

Wie Gott keine gute Handlung vergisst, und sei sie noch so unbedeutend, so vergisst er auch keine böse Tat, so geringfügig sie auch sei. Das soll ein Protest sein gegen die, die sich selbst betrügen wollen und sich einreden, dass der Heilige, gelobt sei Er, die leichten Vergehen nicht zählt und nicht Rechenschaft darüber abnimmt.

Wenn Gott die Gerechtigkeit will, dann wäre es ebenso gut ein Vergehen gegen die Gerechtigkeit, vor der Schuld das Auge zu verschließen wie vor dem Verdienst. Will er die Gerechtigkeit, muss er jedem nach der Frucht seiner Handlungen aufs Genaueste vergelten, seien sie gut oder seien sie böse.

Freilich erhebt sich da die Frage: Was soll denn dann die Liebe Gottes, wenn Er doch mit jedem Vergehen streng ins Gericht geht? Die Antwort: Sicherlich beruht auf der Liebe Gottes der Bestand der Welt. Ohne sie wäre die Welt gar nicht denkbar und trotzdem kommt das strenge Recht nicht zu kurz. Das ist so zu verstehen: Nach dem Prinzip des strengen Rechts müsste den Sünder unmittelbar nach der Tat ohne Verzug die Strafe treffen – und mit der ganzen Wucht des göttlichen Zornes, wie es dem gebührt, der sich gegen Gottes Befehl auflehnt. Außerdem müsste die Sünde gar nicht gut zu machen sein.

Denn wie kann man denn gutmachen, was man begangen hat, wenn das Verbrechen bereits geschehen ist?

Umkehr

Aber die Liebe Gottes hebt diese drei erwähnten Momente auf. Dem Sünder wird eine Frist gewährt, er wird nicht sofort von der Erde getilgt, die Strafe trifft ihn nicht bis zur Vernichtung, in umfassender Liebe wird den Sündern die Rückkehr ermöglicht, und die

Aufhebung des Willensaktes wird für die Aufhebung der Tat genommen: Wenn der, der zur Umkehr bereit ist, sein Vergehen einsieht und bekennt und über seine Schlechtigkeit sich klar wird und völlig bereut und den sehnlichsten Wunsch hat, dass die Sache nie geschehen wäre und sich tief darüber grämt, dass sie geschehen ist und sie in Zukunft meidet, dann wird ihm diese Aufhebung seines Willensaktes so angerechnet, als sei es nie geschehen: Es ist ihm vergeben.

Dieser Ausdruck der Liebe entspringt sicher nicht dem Prinzip des strengen Rechts, aber es bleibt immer eben nur Liebe, sie hebt das Recht nicht völlig auf. Man kann die Sache ja auch so auffassen: Anstelle des Willensaktes, der zur Zeit der Sünde vorhanden war und des Genusses, den sie ihm bereitet hat, tritt nun die Reue und der Schmerz. Die Frist bedeutet keine Nachsicht gegenüber der Sünde, sondern nur eine kleine Duldung, um dem Sünder die Gelegenheit zu geben, seine Schuld wiedergutzumachen.

Wie unsere Weisen sagen: »Er ist langmütig, aber Er treibt seine Schuld ein.« (Jer. Talmud, Taanit II,1)

Der Achtsamkeit hinderlich

Drei Momente gibt es, die der Achtsamkeit hinderlich sind und ihr im Weg stehen. Das eine ist die Vielgeschäftigkeit, das zweite Leichtsinn und Spottlust, das dritte schlechte Gesellschaft.

Gott, der den bösen Trieb geschaffen hat, hat auch, wie unsere Weisen sagen, als Heilmittel die Tora geschaffen (Kidduschin 30b), und wenn nun Gott für diese Krankheit nur dieses Heilmittel geschaffen hat, so kann der Mensch von dieser Krankheit auch nur durch dieses Heilmittel genesen. Wer aber glaubt, auf anderem Weg seine Rettung zu finden, der irrt und wird auch am Ende seinen Irrtum einsehen müssen, wenn er in Sünde dahinstirbt.

Die Vielgeschäftigkeit ist am leichtesten zu umgehen. Leichtsinn und Spottlust sind schwer zu vermeiden für den, der sich das angewöhnt. Wer ihnen verfallen ist, dem geht es wie demjenigen, der in Seenot geraten ist – furchtbar schwer ist da die Rettung. Denn der Leichtsinn richtet den Verstand zugrunde.

Etwas ganz Schlimmes ist die Spottlust. Spottlust und Widerspruchsgeist verhalten sich gegen die Ermahnung wie ein Schild, der mit Öl bestrichen wurde: Alle Pfeile gleiten ab und fallen zur Erde, dringen nicht in den Leib des Menschen ein. Mit einem spöttischen Wort, mit einem Scherz wirft der Mensch die ganze Fülle von frommen Regungen und Gefühlen über Bord, die die Selbstprüfung in seinem Herzen aufsteigen lässt. Durch seine Spötterei bleibt sie ohne Wirkung.

Das dritte Hindernis ist schließlich die Gesellschaft von dummen und schlechten Menschen: »Wer es mit den Toren hält, dem geht es übel.« (Prov. 13,20)

Und wenn dir einer sagt, man soll doch umgänglich mit Menschen sein, dann antworte ihm: Jawohl, mit

Menschen, die sich menschlich geben, aber nicht mit Menschen, die sich wie Tiere benehmen.

König Salomo lehrt: »Geh dem Toren aus dem Wege.« (Prov. 14,7)

Und trifft ein Mensch auf eine Gesellschaft, die seiner spottet, dann soll er sich nichts aus diesem Spott machen. Vielmehr zahle er dem Spötter mit gleicher Münze heim und verachte ihn. Gesetzt den Fall, er könnte an einem Geschäft viel Geld verdienen, würde er sich da in seinen Unternehmungen beeinflussen lassen vom Spott seiner Freunde? Wenn es aber um seine Seele geht, würde ihn der Spott einschüchtern? Nein, »sei dreist wie ein Panther«, mahnen die Weisen, »wenn es gilt, den Willen zu vollstrecken deines Vaters im Himmel.« (Awoda Sara 18b)

ÜBER DEN EIFER

Baraita des Rabbi Pinchas ben Jair:

> Die Tora führt zur Achtsamkeit,
> die Achtsamkeit zum *Eifer*,
> wer eifrig ist, wird lauter,
> wer lauter ist, der übt Zurückhaltung,
> die Zurückhaltung führt zur Reinheit,
> die Reinheit zur Frömmigkeit,
> die Frömmigkeit zur Demut,
> die Demut zur Furcht vor der Sünde
> und diese endlich führt zur Heiligkeit.

Auf die Achtsamkeit folgt der Eifer. Die Achtsamkeit geht auf das Negative, das Verbot; der Eifer auf das Positive, das Gebot. Beide sind die Erfüllung des Satzes: Meide das Böse und tue das Gute.

Das Wesen des Eifers ist bald festgestellt: Es ist das Streben, eiligst an die Erfüllung der Gebote zu gehen und an die Arbeit zu ihrer Vollendung (Pessachim 4a).

Trägheit

Bedenken wir, dass der Mensch von Natur aus dem Trägheitsgesetz gehorcht! Aus der groben Erde stammt seine Materie, darum sehnt er sich nicht nach Mühe und Arbeit. Wer sich in den Dienst Gottes stellen will, muss sich daher gegen seine eigene Natur durchsetzen, muss mit heiligem Eifer gegen sie ankämpfen. Überlässt er sich seiner natürlichen Trägheit, wird er es zu nichts bringen.

Dann sagt er: Ich will noch ein wenig essen, ein wenig schlafen, oder: Das Ausgehen ist mir zu beschwerlich, ich habe mich bereits ausgezogen, wie soll ich mich wieder anziehen, es ist zu heiß, es ist zu kalt, es regnet und was es alles für Ausreden und Vorwände gibt, die den trägen Menschen geläufig sind. Und unterdessen liegt die Tora da, der Dienst Gottes wird vernachlässigt und der Mensch verlässt seinen Schöpfer.

Es gilt mit aller Macht sich zu ermannen, will man eifrig sein in der Erfüllung der Gebote, will man die Trägheit von sich abschütteln, die mit ihrem Schwergewicht alles behindert.

König David rühmte: »Ich eilte und zögerte nicht in der Erfüllung deiner Gebote.« (Ps. 119,60)

Wider die Saumseligkeit

Man schiebe eine Gebotserfüllung nicht auf. Wenn die Zeit gekommen ist, wenn sie sich einem bietet oder in den Sinn kommt, dann zögere man nicht und beeile sich mit der Ausführung und lasse nicht lange Zeit dazwischen verstreichen. Denn mehr als irgendwo ist hier Gefahr im Verzug. Jeder Augenblick kann dem guten Werk ein Hindernis in den Weg legen.

Sobald man einmal Hand angelegt hat, beeile man sich, die Mizwa zu vollenden. Man mache es sich nicht leichter, wie um eine Last abzuschütteln. Man fürchte stets, dass es misslingen könnte, sie zu vollenden. Nicht dem, der sie begonnen hat, sondern dem, der sie vollendet, wird die Ausführung der Mizwa zugeschrieben (Bereschit Rabba 85,3).

Von den Frommen wird berichtet, dass sie ihre guten Werke in steter Eile vollführen. Wer im Dienst seines Schöpfers vor Begeisterung erglüht, wird sicher nicht träge in der Erfüllung seiner Gebote sein. Seine Bewegungen werden mit der des Feuers an Schnelligkeit wetteifern. Er wird nicht ruhen, noch rasten, bis er seine Sache zur Vollendung geführt hat.

Wie der Eifer aus der inneren Glut der Begeisterung entspringt, so entsteht wiederum aus dem Eifer die Glut der Begeisterung. Wer bei der Ausübung einer Mizwa äußerlich eine beschleunigte Bewegung an sich verspürt, in dem wird auch in seinem Inneren eine Bewegung entfacht, Sehnsucht und Verlangen wachsen zusehends. Wenn er aber in seinen körperlichen Bewegungen schwerfällig ist, dann werden auch seine inneren Regungen langsam und schwerfällig.

»Gott, mein Gott bist Du, Dich suche ich, es dürstet nach Dir meine Seele, es schmachtet nach Dir mein Leib.« (Ps. 63,2)

Demjenigen nun, in dem dies Verlangen nicht glüht, ist anzuraten, dass er seinen Eifer steigert, dann wird daraus ganz von selbst das Verlangen entstehen. Denn die äußere Bewegung weckt die innere.

Methode, den Eifer zu erwerben

Die Mittel, durch die der Eifer erworben wird, sind dieselben, durch die die Achtsamkeit erworben wird.

Der stärkste Ansporn wird sein, wenn wir bedenken, wie viel Gutes der Heilige, gelobt sei Er, dem Menschen erweist, zu jeder Zeit und zu jeder Stunde, welch große Wunder er am Menschen vollführt von der Geburt bis zum Grab.

Natürlich kann der Mensch Gott seine Güte nicht vergelten. Darum wird er wenigstens seinen Namen loben und seine Gebote erfüllen.

Es gibt keinen Menschen, in welcher Lage er auch sei, ob arm, ob reich, ob gesund oder krank, der in seiner Lage nicht Wunder und große Wohltaten erfährt. Wer reich und gesund ist, ist Gott dafür verpflichtet. Der Arme dafür, dass Er ihn auch in seiner Armut den Unterhalt in wunderbarer Weise finden und ihn nicht an Hunger sterben lässt. Der Kranke, weil Er ihn in schwerer Krankheit und Leiden stärkt und nicht dem Tod überantwortet. So gibt es keinen Menschen, der sich seinem Schöpfer nicht verpflichtet fühlen muss.

Wenn er bedenkt, dass all sein Glück von ihm abhängt, und was er nötig hat und was er braucht, von keinem anderen als Gott stammt, dann wird er nicht träge im Dienst an Gott sein und ihm nichts entziehen von dem, was ihm zukommt.

Bei denen, die sich zur Vollkommenheit durchgerungen haben, ist das treibende Moment das Bewusstsein der Pflicht und die klare Einsicht in den Wert und die Bedeutung der guten Handlungen.

Momente, die dem Eifer hinderlich sind und wie man sich davor schützen kann

Dem Eifer hinderlich ist alles, was die Trägheit fördert. Das Schlimmste ist da das Streben nach körperlicher Ruhe, die Abneigung gegen jede Mühe und die Vergnügungssucht. Ein solcher Mensch findet natürlich den Dienst an seinem Schöpfer sehr beschwerlich.

Wer sich ein solches Wesen angewöhnt hat, der ist gar nicht mehr Herr über sich selbst, er kann nicht mehr anders handeln, auch wenn er will, denn er ist in Fesseln. Die Gewohnheit ist ihm zur zweiten Natur geworden. Aber der Mensch ist eben nicht – und zu dieser Überzeugung muss er sich durchringen – zum Zweck der Ruhe in dieser Welt, sondern zur Arbeit und zur Mühe. Er darf sich nur wie die Arbeiter geben, die im Schutz ihrer Auftraggeber ihr Werk verrichten: »Tagelöhner sind wir.« (Hiob 7,1)

Wie die Soldaten in der Schlachtordnung: ihr Essen in Eile, ihr Schlaf mit Unterbrechung, stets bereit, in die Schlacht zu ziehen.

Die Welt betrachte der Mensch als das Zufällige, den Dienst an Gott als das Wesentliche. Er genieße in Zufriedenheit, was die Welt ihm bietet, und nehme, was ihm zuteil wird, fern von Bequemlichkeit, voll Streben nach Mühe und Arbeit, im felsenfesten Vertrauen auf Gott, ohne Furcht vor Zufällen, die ihm zustoßen könnten.

Es gibt verschiedene Arten von Furcht. Eine vernünftige und eine närrische, und Gottvertrauen ist etwas anderes als Unvernunft.

Der Herr, gelobt sei Er, hat dem Menschen die Gabe des Verstandes und der Umsicht verliehen, dass er auf dem rechten Weg wandle und sich vor den Dingen hüte, die schädlich sind und nur zur Bestrafung der Frevler geschaffen wurden.

Wenn aber einer nicht den verständigen Weg nehmen will und sich der Gefahr aussetzt, dann ist das kein Gottvertrauen, sondern Unvernunft. Ja, er ist ein Sünder, denn er handelt gegen den Willen Gottes, der möchte, dass der Mensch sich in Acht nimmt.

»Der Kluge sieht das Unheil und verbirgt sich, die Toren gehen achtlos vorbei und müssen es büßen.« (Prov. 22,3)

Er verbirgt sich also nur vor einem Unheil, das er sieht, nicht vor einem möglichen, das in Erscheinung treten könnte.

Eigentlich ist nicht die Furcht die Ursache der Trägheit, umgekehrt aus seiner Trägheit stammt die Furcht.

DIE LAUTERKEIT

Baraita des Rabbi Pinchas ben Jair:

Die Tora führt zur Achtsamkeit,
die Achtsamkeit zum Eifer,
wer eifrig ist, wird *lauter*,
wer lauter ist, der übt Zurückhaltung,
die Zurückhaltung führt zur Reinheit,
die Reinheit zur Frömmigkeit,
die Frömmigkeit zur Demut,
die Demut zur Furcht vor der Sünde
und diese endlich führt zur Heiligkeit.

Wenn man auch noch so sehr sich bemüht, seine Triebe zu dämpfen und seine Leidenschaften zu unterdrücken, so ändert man doch nicht von heute auf morgen seine innerste Natur. Die Begierde kann man nicht ohne Weiteres aus dem Herzen reißen, man kann sie dämpfen, sich mit Weisheit ihnen entziehen. Aber die trübe Materie behält ihr Recht, sie reizt und verführt.

Wenn man aber viel Übung in der Achtsamkeit bekommen hat und den ersten Grad der Läuterung – von den offenbaren Sünden – vollzogen hat, wenn man sich an den Eifer im Dienst an Gott gewöhnt und die Liebe und das Verlangen nach dem Schöpfer in sich großgezogen hat, dann wird man immer mehr dem Irdischen entrückt, richtet den Sinn immer mehr auf irdische Vollkommenheit und gelangt schließlich zur vollendeten Lauterkeit.

Die Lauterkeit löscht das Feuer irdischer Leidenschaft in seinem Herzen. Die Sehnsucht nach Gott ringt sich empor, sein Blick wird rein und lauter, sodass er sich nicht mehr betören und von der trüben Materie überwältigen lässt und in seinen Handlungen völlig geläutert wird.

Diese Tugend ist es, zu der David sich freudig bekennt: »Bade ich in Lauterkeit meine Hände, dann schreite ich um Deinen Altar, o Gott.« (Ps. 26,6)

Die meisten Menschen sündigen gegen »mein und dein«, eine Minderheit durch geschlechtliche Vergehen, alle aber durch das Stäubchen der üblen Nachrede. Weil das letzte Vergehen so unscheinbar ist, darum fallen alle Menschen in seine Schlingen, sie bemerken es nicht.

Ja, Lauterkeit ist schwer zu erwerben, denn die Natur des Menschen ist schwach und sein Herz leicht betört, es ist dem Irrtum zugänglich, wo es darum geht, es sich leichter zu machen. Wer aber diese Eigenschaft erworben hat, der hat andererseits auch eine hohe Stufe erreicht, denn er hat in einem schweren Kampf gestanden – und gesiegt.

Vorteilsnahme und Schädigung

Bei den meisten Menschen, obwohl sie nicht geradezu Diebe sind, die dem Nächsten Geld wegnehmen, um es sich in die Tasche zu stecken, streift das Geschäftsgebaren an Diebstahl. Sie halten es für erlaubt, sich durch die Schädigung eines anderen zu bereichern und meinen: Geschäft ist Geschäft!

Rabbi Jehuda sagt: Der Krämer darf an die Kinder kein Naschwerk verteilen, um sie an seinen Laden zu binden: Und die Weisen, die anderer Meinung sind, haben es nur deshalb gestattet, weil es ja seinen Konkurrenten freisteht, dasselbe zu tun (Baba Mezia 60a).

Wer von einem anderen zu irgendeiner Arbeit gemietet ist, der hat ihm all seine Zeit für den Tag verkauft, nach dem Grundsatz: Wer sich vermietet, verkauft sich für den Tag (Baba Mezia 56b). Was er von dieser Zeit für sich verwendet, in welcher Form es auch sein mag, ist einfach gestohlen. Und wenn der Arbeitgeber ihm nicht vergibt, wird es ihm nicht vergeben.

Und mag er auch während der Arbeit eine Mizwa ausgeübt haben, so gilt das nicht als frommes Werk, sondern als Sünde, denn ein Vergehen kann keine Mizwa sein. »Gott hasst ein Opfer von geraubtem Gut.« (Jes. 61,8)

Wenn einer einen Scheffel Weizen sich unrechtmäßig aneignet, ihn gemahlen und gebacken hat und spricht dann darüber den Segensspruch, dann ist das kein Segensspruch, sondern eine Gotteslästerung, denn »des Räubers Segensspruch ist eine Gotteslästerung.« (Baba Kama 94a)

»Wehe ihm, was ihm ein Fürsprecher sein sollte, wird ihm zum Ankläger!« (Jer. Talmud, Sukka III,3)

Denke an das Übervorteilen! Wie leicht erliegt man einer Selbsttäuschung und kommt zu Fall! Es ist doch eigentlich in Ordnung, sagt der Verkäufer, wenn ich mich bemühe, meine Ware vor anderen in das rechte Licht zu stellen, wenn ich daran verdienen möchte, was ich mit meiner Hände Arbeit geschaffen habe, und wenn ich dem Käufer zurede, damit ihm die Sache gefällt. Man sagt doch: »Wer eifrig ist, gewinnt.« (Pessachim 50b)

Richtig! Wenn er aber seine Handlungsweise nicht sorgsam abwägt, dann »steigen statt des Weizens Disteln auf.« (Hiob 31,40)

Er überschreitet die Grenze und streift das Verbot: »Ihr sollt einander nicht übervorteilen.« (Lev. 25,17) Auch einen Nichtjuden darf man nicht täuschen, sagen die Weisen (Chullin 94a).

»Wenn man dem anderen auch nur das Geringste zu Unrecht abnimmt, so gilt das so, als nähme man ihm das Leben.« (Baba Kama 119a)

Bei einem Sack voller Sünden, wer tritt zuerst als Ankläger auf? Unrecht Gut! (Wajikra Rabba 33,3)

Alle Bemühungen, dem Käufer der Wahrheit gemäß zu zeigen, wie gut und schön ein Gegenstand ist, sind nur recht und löblich. Was aber dazu dient, die Fehler eines Gegenstandes zu verdecken, das ist eine Übervorteilung und verboten. Das ist das Hauptprinzip für den, der sich im Geschäft ehrlich halten will.

Die Gewinnsucht ist eine starke Leidenschaft, und darum kann man durch sie so mannigfach zu Fall kommen.

Gleich hinter den Eigentumsvergehen in Bezug auf die Häufigkeit kommen die geschlechtlichen Vergehen, die auch zu den schweren Sünden gehören. Und auch der, der von dieser Sünde völlig rein sein will, muss mit aller Macht an sich arbeiten, denn nicht nur das eigentliche Vergehen versteht man darunter, sondern alles, was dem nahe kommt.

»Denke nicht: Wenn mir auch die innigste Gemeinschaft mit einer Frau verboten ist, so kann ich sie doch liebkosen. Darauf gibt Gott die Antwort: So wie der, der das Nasiräergelübde abgelegt hat, nicht Wein zu trinken, auch nicht frische noch getrocknete Trauben genießen darf, noch das, worin Trauben geweicht worden sind, noch irgendetwas, was vom Weinstock kommt, so ist es auch mit der Frau, die nicht zu dir gehört. Du darfst sie nicht berühren, und wer eine Frau berührt, die nicht zu ihm gehört, lädt schwere Schuld auf sich.« (Schemot Rabba 16,2)

Wenn uns ein Verbot gegeben ist, so soll auch alles verboten sein, was ihm nahe kommt. So haben uns denn auch die Weisen in geschlechtlichem Verkehr alles verboten, was unter den Begriff der Unzucht fällt und auch nur daran streift, welcher der Sinne auch beteiligt sein mag: nicht nur die Tat, auch der Blick, das Reden und Anhören, ja auch den Gedanken!

Bisher war die Rede von den beiden schweren Sünden, in die der Mensch leicht gerät, die er zumindest oft streift, weil sie sich in so mannigfachen Gestalten bieten und die natürliche Anlage des Menschen sich gerade zu ihnen besonders neigt. Dieser letzte Punkt fügt den Eigentumsvergehen und denen der Unkeuschheit die gegen die Speisegesetze hinzu.

Speisegesetze

Wer sich ein bisschen Vernunft in seinem Hirn bewahrt hat, der wird eine verbotene Speise ansehen, als wäre es Gift. Oder wie ein Gericht, in das etwas Giftiges hineingekommen ist. Würde er es wohl leicht nehmen und davon essen, wenn ihm dergleichen passiert wäre? Wenn ihm auch nur die geringste, unbedeutendste Befürchtung bliebe, würde er es doch sicher nicht leicht damit nehmen. Und nähme er es damit leicht, so hielte man ihn für einen Narren. Nun ist aber die verbotene Speise ein richtiges Gift für Herz und Seele. Wer wollte es da, wenn ihm seine Seele lieb ist, leicht nehmen, auch wo nur die Möglichkeit des Verbotenen vorliegt?

Redlichkeit

Wir verletzen durch Worte, kränken durch eine Beleidigung den anderen bis aufs Blut, geben einem, der sich vertrauensvoll an uns wendet, wider besseres Wissen einen schlechten Rat, verleumden, hassen, tragen nach, schwören, lügen, entweihen den göttlichen Namen. Wer darf auftreten und sagen: Ich bin frei davon, ich habe mich reingehalten und mich nicht mit diesen Dingen versündigt?

Schädige und verletze den Nächsten nicht durch ein Wort! Das heißt vor allem: Sage deinem Nächsten nicht unter vier Augen ein Wort, das ihn beschämt, natürlich erst recht nicht in Gegenwart anderer, auch tue ihm nichts an, was ihn beschämen könnte.

Gebt wider besseres Wissen keinen schlechten Rat! »Einem Blinden sollst du nichts in den Weg legen, worüber er fallen kann«, sagt die Schrift (Lev. 19,14). Damit meint sie auch einen, der in einer Sache blind ist. Befragt er dich um einen Rat, dann gib ihm nicht einen Rat, der nicht wirklich für ihn der beste ist. Sage ihm nicht: Veräußere doch dein Feld und kaufe dir dafür einen Esel, wenn das nur eine List ist, um in den Besitz des Feldes zu kommen. Du entschuldigst dich wohl: Der Rat, den ich ihm gebe, ist doch an sich gut! Bedenke aber, es steht daneben: »Fürchten sollst du dich vor deinem Gotte« und »Gott sieht ins Herz.« (Sifra zu Lev. 19,14)

Die Pflicht eines redlichen Mannes ist: Wenn einer kommt, um sich mit ihm zu beraten, dann gibt er ihm den Rat, dem er auch für seine eigene Person folgen würde, wenn er sich in gleicher Lage befände. Er zieht nur das in Betracht, was für den anderen von Vorteil ist, ohne Rücksicht auf irgendein anderes nahe oder fern liegendes Moment. Trifft es sich aber, dass dieser Rat nach seiner Meinung, ihm selbst zum Schaden gereichen würde, dann soll er das dem anderen freimütig gestehen. Ansonsten lasse er ganz die Hände davon und verweigere dem Bittenden den Bescheid.

Ist einer aber offensichtlich darauf aus, dem anderen zu schaden, dann ist es nur recht und billig, ihn irrezuführen, nach dem Wort der Schrift: »Mit Krummen musst du krumme Wege gehen.« (Ps. 18,27)

Verleumdung und üble Nachrede

»Alle sündigen sie durch das Stäubchen der üblen Nachrede«. Was versteht man unter dem »Stäubchen der üblen Nachrede«? Wenn einer zum Beispiel sagt: Wo kann man immer Feuer finden? Bei dem und dem (Erachin 15b)! Oder wenn man einen vor Leuten herausstreicht, die ihm feind sind. Man gibt dann dazu Anlass, dass sie über ihn herziehen (Erachin 16a). All das und dergleichen gehört (wenn auch nur als Stäubchen) in Wirklichkeit zur üblen Nachrede, obwohl es scheinbar ganz unbedeutende Dinge sind und sie mit Verleumdung nichts zu tun haben.

Als Kriterium mag dir dienen: Woraus nur irgendwie ein Schaden oder eine Ehrenkränkung für den anderen erwachsen kann, ob man es ihm ins Gesicht sagt oder hinter seinem Rücken, das fällt unter den Begriff der üblen Rede, die von Gott besonders gehasst und verabscheut wird. Wer üble Nachrede treibt, sagen die Weisen, ist wie einer, der seinen Glauben verleugnet (Erachin 16b). Und in der Schrift steht: »Wer insgeheim über den anderen Schlechtes redet, den will ich vertilgen.« (Ps. 101,5)

Du sollst nicht hassen und nicht nachtragen

Der Mensch fühlt nur zu sehr die Schmach, die ihm angetan wurde, und bitterlich weh tut ihm der Schmerz. Rache ist süß! Süßer als Honig, denn Rache allein gibt ihm die Ruhe wieder. Wenn er aber die Kraft besitzt, das zu lassen, wozu die Natur ihn zwingt, sich selbst zu überwinden, und den Mann, der seinen Hass erregt hat, nicht zu hassen und ihm nichts nachzutragen, auch wenn die Gelegenheit ihm sich bietet, wenn er alles vergessen will und aus seinem Herzen reißt, als wäre es nie gewesen, dann ist er ein Starker und ein Held.

Der Unterschied zwischen Rache und Nachtragen ist bekannt. Rache übt der, der einem die Erfüllung eines Wunsches verweigert, weil dieser ihm einst etwas abgeschlagen oder ihm Böses zugefügt hat. Wer nachträgt, der erweist wohl dem, der ihm Böses angetan hat, Gutes. Aber er erinnert jenen in vielfältiger Weise immer wieder an das, was dieser ihm angetan hatte.

Der böse Trieb bringt eben das Herz immer wieder in Wallung und macht immer von Neuem den Versuch, die Erinnerung wachzurufen. Darum flüstert er dem Menschen ein: Willst du schon dem Mann das geben, was er dir in seiner Not nicht geben wollte, so gib es ihm doch mindestens nicht mit freundlichem Gesicht. Oder: Willst du ihm nichts Böses antun, so erweise ihm zumindest keinen großen Dienst, greife ihm nicht allzu stark unter die Arme. Willst du ihm in reichem Maße helfen, so tue es wenigstens nicht in seiner Gegenwart! Oder: Wende dich ihm nicht wieder zu, sei nicht wieder sein Freund! Wenn du ihm verziehen hast und dich ihm nicht mehr feindlich zeigst, so genügt das doch! Willst du dich ihm wieder zuwenden, so zeige ihm wenigstens nicht mehr die gleiche Liebe wie früher … Das sind Beispiele von der eifrigen Tätigkeit des bösen Triebes, wie er das Herz der Menschen betören möchte. Darum hat die Tora einen allgemeinen Grundsatz aufgestellt, in dem alles enthalten ist: »Du sollst deinen Nächsten lieben wie dich selbst«. »Wie dich selbst«, da ist kein Unterschied. »Wie dich selbst«, da gibt es keine Ausnahmen, keine Deutelei oder Verdrehung, genauso wie dich selbst!

Das Lügen

Da gibt es Menschen, die das Lügen wie ein richtiges Geschäft betreiben. Sie denken sich direkte Lügen aus und gehen damit hausieren, um sich ordentlich ausschwatzen zu können oder um in den Ruf zu kommen, überaus gescheit zu sein und viel zu wissen. Sie trifft das Wort: »Ein Gräuel dem Herrn sind die lügnerischen Lippen.« (Prov. 12,22) Und die Weisen haben ihnen das Urteil gesprochen: »Vier Gruppen von Menschen dürfen nicht das Antlitz von Gottes Herrlichkeit schauen und eine davon sind die Lügner.« (Sota 42a)

Dann gibt es wieder Menschen, die sind nicht gerade Lügner, aber doch etwas Ähnliches. Die lügen sich im Erzählen zurecht. Sie treiben das Lügen nicht wie ein Geschäft, sie denken sich nicht etwas aus, das niemals passiert ist. Aber wenn sie etwas erzählen, dann mischen sie Lügen hinein, wie es ihnen gerade einfällt, und durch die Gewohnheit wird ihnen das zur zweiten Natur. Das sind die Aufschneider, denen man ebenfalls keinen Glauben schenken kann. »Der Aufschneider«, meinen darum die Weisen, »hat seine Strafe selbst verschuldet. Auch wenn er die Wahrheit spricht, hört man ihm nicht zu.« (Sanhedrin 89b)

Dann wieder gibt es Menschen, die nicht so schwer krank sind, wie die Genannten und die nur lügen, wenn es sich so trifft. Sie sind nicht an das Lügen gekettet, aber sie streben auch nicht danach, sich davon fernzuhalten. Oft tun sie es nur im Scherz und ohne böse Absicht. Doch der große Weise hat uns kundgetan, dass dies alles im Widerspruch steht mit dem Willen Gottes und der Tugend seiner Frommen.

Die Tora sagt so: »Von dem Wort der Lüge halte dich fern!.« (Ex, 23,7) Es heißt nicht: »Hüte dich vor der Lüge!«, sondern »von dem Wort der Lüge halte dich fern!« Das soll uns zu denken geben, wie sehr wir die Lüge fliehen müssen.

Die Weisen sagen: »Das Siegel Gottes ist die Wahrheit.« (Schabbat 55a) Wenn der Heilige, gelobt sei Er, sich die Wahrheit zum Siegel gewählt hat, wie abscheulich muss ihm da das Gegenteil erscheinen?

So weit, so die Weisen, soll die Wahrheitsliebe gehen: Rabbi Safra hatte einen Gegenstand zu verkaufen. Da kam einer zu ihm, während er das »Höre Israel« las und sagte zu ihm: Gib mir die Sache für diese bestimmte Summe. Rabbi Safra antwortete nicht, weil er sein Gebet nicht unterbrechen konnte, da bot ihm jener, im Glauben, dass er mit dem Kaufpreis nicht zufrieden wäre, eine größere Summe. Als Rabbi Safra mit seinem Gebet zu Ende war, sagte er zu dem Käufer: »Du bekommst den Gegenstand für dein erstes Gebot, denn ich hatte die Absicht, ihn dir für diese Summe zu überlassen.«

Der Gelehrte darf nur in drei Fällen von der Wahrheit abweichen: Er darf sein Wissen verleugnen aus Bescheidenheit, seine Liebe aus Keuschheit und, um den Gastgeber vor Belästigung zu schützen, darf er eine freundliche Aufnahme verschweigen, die er erfahren hat (Baba Mezia 23b).

Eine von den Säulen, auf denen die Welt ruht, ist die Wahrheit (Sprüche der Väter I,18). Wer lügt, untergräbt also das Fundament der Welt. Wer es aber mit der Wahrheit genau nimmt, trägt zu ihrer Erhaltung bei.

Vom Halten des Schabbat

Dem Durchschnittsmenschen fällt es besonders schwer, sich nicht ständig mit seinen Geschäften abzugeben, ja nicht einmal davon zu reden. Dabei sagen schon die Propheten: »Du sollst den Schabbat heiligen«, indem du nicht deinem Tagewerk nachgehst, nicht deine Geschäfte vornimmst und davon redest.« (Jes. 58,13) Die allgemeine Regel ist hier: Jede Arbeit, die am Schabbat verboten ist, um die darf man sich auch in anderer Weise nicht bemühen, von der darf man nicht einmal reden.

Der Hochmut

Der eine hält sich für klug, der andere für schön, der eine vornehm, der andere bedeutend und wieder einer gelehrt. Kurz: Wer da glaubt, im Diesseits etwas Besonderes zu sein, läuft sofort Gefahr, dem Hochmut zu verfallen. Hat sich aber einmal bei einem die Idee festgesetzt, dass er etwas Besonderes sei und ihm Ruhm gebühre, dann zeitigt diese Idee die absonderlichsten Blüten.

Bei dem einen nimmt der Hochmut diese Gestalt an: Da er – nach seiner Meinung – auf Anerkennung Anspruch erheben kann und eine besondere Stellung einnimmt, fühlt er sich auch verpflichtet, sich ein ganz besonderes und überaus vornehmes Wesen zuzulegen: in der Art, wie er sich erhebt, wie er redet, wie er seine

Angelegenheiten regelt. Sein Gang ist gemessen, er macht klitzekleine Schritte. Er sitzt weit zurückgelehnt. Wenn er sich erhebt, dann schlängelt er sich ganz langsam hoch. Nur die Angesehensten würdigt er einer Unterredung. Und auch dann gibt er nur kurze Sätze von sich, wie Orakelsprüche. Und in allem, was er tut, in seinen Bewegungen und Verrichtungen, wenn er isst oder trinkt oder sich anzieht, benimmt er sich mit einer Schwerfälligkeit, als wären seine Glieder aus Blei und seine Knochen schwer wie Stein und Sand.

Ein anderer wiederum, der von Hochmut befallen ist, glaubt, er müsse überall Schrecken verbreiten, weil er doch so viele Vorzüge besitze und ihm Anerkennung gebühre. Alle müssen vor ihm zittern, denn es ziemt sich doch wirklich nicht, dass ein gewöhnlicher Mensch die Schranken durchbricht, um mit ihm zu reden und ihn um etwas zu bitten. Und wenn sie vermessen genug sind, bis zu ihm vorzudringen, dann schreckt er sie mit seiner Stimme und fährt sie mit harten Worten und finsterem Blick an.

Wieder ein anderer glaubt, er sei so bedeutend und geachtet, dass er über jede Ehrenbezeugung erhaben sei. Und um das recht augenfällig zu machen, benimmt er sich bescheiden. In wahrer Selbstüberwindung legt er unendliche Demut und schrankenlose Bescheidenheit an den Tag. In seinem Herzen aber reckt sich der Hochmut empor und er denkt: Ich bin so groß, ich stehe so geachtet da, dass ich auf jede Ehrenbezeugung verzichten kann. Ich darf verzichten, ich habe genug davon.

Dann gibt es noch eine Spielart. Der Betreffende möchte durch seine Tugenden hervorstechen und als ganz besonderes Muster des Lebenswandels erscheinen. Er gibt sich nicht damit zufrieden, dass alle Welt seine Vorzüge rühme, in deren Besitz er sich dünkt. Er möchte gerne auch den Ruhmestitel des allerbescheidensten Menschen. So einer ist auf seine Bescheidenheit stolz. Er strebt nach Anerkennung und tut dabei so, als ob er sie meide.

Freilich, solche Leute zeigen sich für gewöhnlich bescheiden, aber manchmal geben sie sich doch eine Blöße. Wie eine Flamme, die blitzartig hervorbricht, tritt dann unbewusst der Hochmut hervor.

Unsere Weisen haben da ein Gleichnis: Ein Haus war voll Stroh und in dem Haus waren Risse, durch die das Stroh dringen konnte. Allmählich kam das Stroh aus den Löchern heraus und alle merkten, dass in dem Haus nur Stroh war.

Dies lässt sich auf jene anwenden, die sich doch nicht auf Dauer verstellen können. Ihre unedle Gesinnung leuchtet aus ihren Handlungen hervor. Es ist eben unechte Bescheidenheit und eingebildete Demut, die sie zur Schau tragen.

Schließlich gibt es noch eine andere Spielart. Der Hochmut ist bei denen tief im Inneren vergraben und äußert sich nicht in Handlungen. Bei sich denken sie aber, sie seien ganz besonders klug und wüssten alles am besten und keiner überträfe sie an Weisheit. Daher achten sie niemals auf das, was ein anderer sagt: Was ihnen schwerfällt, kann einem anderen unmöglich leichtfallen. Und was der eigene Verstand ihnen sagt, ist für sie so einleuchtend, dass sie die Aussagen ihres Gegenübers gar nicht berücksichtigen. Ihre Meinung ist eben nicht in Zweifel zu ziehen.

Das alles sind Spielarten des Hochmuts, der selbst den Klugen befällt, seinen Verstand betört und dem Weisesten die Besonnenheit raubt. Umso mehr noch den Jüngeren, die, kaum dass sie die Augen geöffnet und etwas von der Welt gesehen haben, sich schon für die Weisesten der Weisen halten.

Vom Zorn

Da ist vor allem der Jähzornige. Das ist ein Mensch, der über alles in Zorn gerät, was ihm gegen den Strich geht und der so wütend wird, dass er sich selbst nicht mehr kennt und in seinem ruhigen Überlegen getrübt wird. So einer könnte eine ganze Welt in Trümmer legen, wenn er die Macht dazu hätte, denn die Vernunft hat die Herrschaft über ihn verloren.

Die Weisen sagen: »Die Welt kann nur bestehen durch den, der im Streit den Mund schließt.« (Chullin 89a) Aber »den Toren erschlägt der Zorn.« (Hiob 5,2)

In seiner Sanftmut steht Hillel höher als alle. Ihn konnte nichts aufbringen. Bei ihm fehlte auch die an und für sich natürliche Zorneswallung. Das erst heißt, völlig frei vom Zorn sein.

Vom Neid

Auch er ist ein Beweis von Dummheit und Unbildung. Der Neidische gewinnt nichts für seine Person und tut auch dem Beneideten keinen Abbruch. Er schadet höchstens sich selbst, denn den Einfältigen tötet der Neid.

Der eine geht in seiner Torheit so weit, dass er jedes Mal, wenn dem Nächsten etwas Gutes widerfährt, sich Gedanken macht, sich sorgt und sich grämt. Aus Ärger über das, was er beim anderen sieht, hat er keine Freude an den Gütern, die er selbst besitzt.

Ein anderer wieder wird zumindest missgestimmt, wenn einer zu einer höheren Stellung gelangt, der nicht zu seinen intimsten Freunden gehört. Der Ärger steigert sich noch, wenn ihn mit dem Betreffenden keine besondere Freundschaft verbindet oder wenn er gar aus einem fremden Land eingewandert ist. Mit dem Mund reden sie dann zwar so, als freuten sie sich und dankten Gott für sein Glück, aber in ihrem Herzen denken sie ganz anders.

Sie bedenken alle das eine nicht: Keiner bekommt auch nur ein Stückchen von dem, was dem anderen bestimmt ist (Joma 38b). Und was ein jeder hat, stammt alles von Gott in seinem wunderbaren Ratschluss und seiner uns verborgenen Weisheit. Sie haben also nicht den geringsten Grund, sich über das Glück der anderen zu ärgern.

Die Begierde

Der Neid hat eine Schwester: Das ist die Begierde. Sie quält den Menschen bis zum Tod. So sagen die Weisen: »Keiner stirbt und hätte seine Begierde auch nur zur Hälfte gestillt.« (Kohelet Rabba 1,13)

Die Begierde richtet sich vor allem auf zwei Punkte: auf Geld und auf Ehre. Und in beiden Beziehungen ist sie etwas sehr Hässliches und bringt über den Menschen viel Unglück.

Das Verlangen nach Geld bindet den Menschen mit irdischen Fesseln und legt die Stricke der Fronarbeit um seine Arme. Wie die Schrift sagt: »Wer das Geld liebt, wird am Geld nie satt.« (Dtn. 30,13) Außerdem bringt es ihn von seinen religiösen Pflichten ab. Wie viele Gebete werden unterlassen, wie viele Mizwot vergessen, nur weil der Betreffende zu beschäftigt und durch die Fülle seiner Unternehmungen abgespannt war. Vom »Lernen« gar nicht zu reden. »Wer sich in zu viele Unternehmungen einlässt, kann kein Gelehrter werden.« (Sprüche der Väter II,5)

Noch schlimmer ist das leidenschaftliche Verlangen nach Ehre. Man kann vielleicht die Begierde nach Geld und anderen Genüssen unterdrücken, aber die Ehrsucht setzt sich durch, so unerträglich ist dem Betreffenden der Gedanke, er könne unter anderen stehen. An dieser Klippe ist so mancher gestrauchelt und zugrunde gegangen.

Jerobeam hat darum das Jenseits verscherzt. Die Weisen erzählen: Gott fasste Jerobeam an seinem Gewand und sprach zu ihm: »O, kehre um! Dann werden wir alle im Garten Eden lustwandeln, ich du und der Sohn Isais!« Jerobeam aber sagte: »Wer wird dort der Erste sein?« Gott antwortete: »Der Sohn Isais«. Darauf erwiderte Jerobeam: »Nein, dann will ich es nicht!« (Sanhedrin 102a)

Das Verlangen nach Ehre ist für das Menschenherz ein stärkeres Motiv als jede andere Lust und Leidenschaft auf Erden. Ohne dieses Verlangen wäre jeder damit zufrieden, satt zu essen zu haben, mit Kleidung seine Blöße zu bedecken und ein Dach über dem Kopf zu haben, das ihn vor dem Wetter schützt.

Darum warnen uns die Weisen: »Strebe nicht nach einer hohen Stellung, habe kein Verlangen nach Ehren.« (Sprüche der Väter VI,3)

Wie viele gibt es, die vom Hunger gequält werden und sich so weit erniedrigen, von der Wohlfahrt zu leben. Aber eine Arbeit, die ihnen nicht vornehm genug erscheint, wollen sie nicht in die Hand nehmen! Kann man sich eine größere Torheit denken? Lieber wollen sie müßig gehen und dadurch versumpfen, lasterhaft werden, sich an fremdem Gut vergreifen und in allerlei Sünden geraten. Und alles nur, um ihre eingebildete Ehre nicht anzutasten. Unsere Weisen, die uns durch ihre Lehren stets auf den rechten Weg führen, haben aber gesagt: »Liebe die Arbeit und hasse die Würde.« (Sprüche der Väter I,10) Und: »Ergreife lieber einen

Beruf, der für dich nicht passt, als dass du deinen Mitmenschen zur Last fällst!« (Baba Batra 110a)

Die wahre Ehre besteht darin, die rechte Kenntnis von der Tora zu erlangen. Denn Ehre gibt nur die Tora.

Methoden, sich die Lauterkeit zu erwerben

Ist einem die Pflicht und Notwendigkeit der Lauterkeit bewusst geworden und hat er die Tugend der Achtsamkeit und des Eifers dadurch erlangt, dass er die Mittel gewählt hat, durch die sie zu erwerben ist und hat er alle Hindernisse überwunden, dann fehlt ihm nur noch eins, um zur Lauterkeit zu gelangen: Er muss die Mizwot in allen ihren Feinheiten kennen, um die Gebote im rechten Sinn erfüllen zu können. Schon die Weisen sagen: »Ein unwissender Mensch kann nicht fromm sein.« (Sprüche der Väter II,5) Und: »Von der höchsten Bedeutung ist das Studium, denn es führt zur Tat.« (Kidduschin 40b)

DIE ZURÜCKHALTUNG

Baraita des Rabbi Pinchas hen Jair:

> Die Tora führt zur Achtsamkeit,
> die Achtsamkeit zum Eifer,
> wer eifrig ist, wird lauter,
> wer lauter ist, der übt Zurückhaltung,
> die *Zurückhaltung* führt zur Reinheit,
> die Reinheit zur Frömmigkeit,
> die Frömmigkeit zur Demut,
> die Demut zur Furcht vor der Sünde
> und diese endlich führt zur Heiligkeit.

Alles, was wir bisher erörtert haben, bezieht sich auf das, was man sich aneignen muss, um ein Gerechter zu sein. Was nun kommt, handelt von dem, was den Menschen zum Frommen macht. Die Zurückhaltung ist der erste Schritt zur Frömmigkeit.

Das Wesen der Zurückhaltung ist in dem Satz der Weisen ausgesprochen: »Sei heilig auch in dem, was dir erlaubt ist.« (Jebamot 20a) Das ist auch der eigentliche Wortsinn. »Zurückhaltung« bedeutet, sich von einer Sache fernzuhalten, sich etwas Erlaubtes verbieten, damit es nicht dazu kommt, das wirklich Verbotene zu übertreten. Wesentlich ist: Von allem, woraus Böses entstehen könnte, obwohl es jetzt nicht daraus entsteht und erst recht nicht selbst etwas Böses ist, von all dem soll man sich fernhalten.

Drei Abstufungen

Es gibt drei Abstufungen: zuerst die Verbote selbst. Dann die »Zäune« darum, das sind die Vorsichtsmaßregeln unserer Weisen. Und schließlich die Erschwerungen, die jeder sich auferlegen muss, der die Tugend der Zurückhaltung üben will.

Woher nehmen wir das Recht, über die Verbote hinauszugehen? Die Weisen tadeln das doch. Sie sagen: »Hast du nicht genug an dem, was die Tora verboten hat? Du willst dir noch andere Dinge verbieten?« (Jer. Talmud Nedarim IX,1) Und: »Der Mensch wird einst vor Gott Rechenschaft ablegen müssen über all das, was sein Auge gesehen und er doch nicht genossen hat, obwohl es ihm erlaubt gewesen wäre und er es sich hätte verschaffen können.« (Jer. Talmud Kidduschin IV,12) Die Antwort darauf: Die Zurückhaltung ist sicher notwendig und geboten.

Statt dass du betest: »O möchten die Worte der Lehre in mein Inneres dringen«, bete lieber: »O möchte nicht so viel Essen und Trinken in meinen Leib kommen!« (Jalkut 830)

Es gibt aber prinzipielle Unterschiede. Es gibt eine Zurückhaltung, die uns geboten ist und eine andere, vor der wir gewarnt werden, damit sie uns nicht zum

Fallstrick werde; sie meint König Salomo, wenn er sagt: »Sei nicht allzu fromm.« (Kohelet 7,16)

Sprechen wir zunächst über die gebotene Zurückhaltung: In allem, was das Diesseits bietet, schlummern Versuchungen für den Menschen. Gleichzeitig ist klar, wie überaus schwach der Mensch ist und wie stark seine Neigung zum Bösen. Deshalb muss er den Versuchungen ausweichen.

Es gibt nun einmal keinen irdischen Genuss, der nicht irgendeine Sünde nach sich zöge. Steht erst die Gelegenheit zur Sünde vor einem, dann ist es schwer, die Leidenschaft zu unterdrücken und zu besiegen. Deshalb muss man danach trachten, den Abstand zur Sünde groß zu halten, solange man weit von ihr entfernt ist. Dann wird es der Leidenschaft schwer, eine Annäherung zu bewirken.

Über Schönheit und Form von Kleidung und Schmuck hat die Tora keine Vorschriften gemacht. Wenn es kein Mischgewebe ist (Scha'atnes), wenn daran Schaufäden (Zizit) angebracht sind, dann ist alles erlaubt. Und doch! Wer weiß nicht, dass von einem schönen Hut, von einem bunten Gewand Hochmut kommt und Sinnenlust an der Grenze harrt, ganz abgesehen vom Neid, von der Begierde, vom Ausbeutertum, die all die Dinge im Gefolge haben, die für den Menschen schwer zu erreichen sind. Die Weisen sagen: Sieht der böse Trieb einen einhertänzeln, sich an den Kleidern zupfen und die Locken drehen, dann spricht er: Den kriege ich!« (Bereschit Rabba 22,6)

Wenn all diese zusätzliche Einschränkung notwendig ist, warum haben die Weisen dann darüber keine Bestimmungen getroffen, wo sie doch sonst Verordnungen erlassen haben, die einen Zaun um die Tora bilden?

Die Antwort ist einfach: Die Weisen haben nur Anordnungen erlassen, die vom größten Teil der Gemeinde befolgt werden können. Es ist aber nicht möglich, dass alle »Fromme« werden. Vielmehr genügt es, wenn sie »Gerechte« sind.

Aber die Erlesenen im Volk, die nach dem Glück der Gottesnähe verlangen, sollen die Forderung erfüllen, die an die »Frommen« gestellt wird. Ihr Verdienst kommt der Masse des Volkes zugute, dessen Gedeihen von den Frommen abhängt.

Durch die Vollkommenen werden dann auch die Unvollkommenen der Liebe Gottes und seiner Herrlichkeit teilhaftig werden.

Das lehrt uns auch der Lulaw: Etrog, Palme und Myrte bieten Geschmack oder Geruch, nicht so die Bachweide. So gibt es in Israel Menschen, die »lernen« oder gute Werke üben, und andere, die nichts von beidem aufzuweisen haben. So wie die Pflanzenarten nun gebunden vor Gottes Antlitz gebracht werden, so sollen auch in Israel alle Gruppen einen Bund bilden. Die einen werden für die anderen Sühne erwirken.

Neben der gebotenen gibt es auch eine falsche Zurückhaltung. Törichten Menschen genügt es nicht, das Entbehrliche unter den irdischen Genüssen zu meiden, sie versagen sich auch das Notwendige und peinigen ihren Körper durch Geißelungen und seltsame Manipulationen, an denen Gott gar kein Gefallen hat. Das Gegenteil lehren uns die Weisen: Man darf sich gar nicht quälen! (Taanit 22b) Und vom Almosen sagen sie: »Wer es nötig hat und doch nicht nimmt, handelt an sich wie ein Mörder.« (Jer. Talmud Pea VIII,8)

So haben wir eine untrügliche Regel: Gegenüber den Dingen dieser Welt, die der Mensch entbehren kann, ist Zurückhaltung das Richtige. Gegenüber anderen Dingen, die für ihn unentbehrlich sind, dieselbe Zurückhaltung zu üben, ist ein Vergehen.

Hauptformen der Zurückhaltung

Drei Hauptformen der Zurückhaltung gibt es: im Genießen, in der Gesetzesentscheidung und im gesellschaftlichen Umgang.

Zurückhaltung im Genießen: Die Benutzung alles dessen, was das Diesseits bietet, ist auf das notwendige Maß zu beschränken. Das gilt für alle sinnlichen Freuden: Essen, Liebe, Kleidung, Spaziergänge und Gespräche etc., es sei denn an Tagen, an denen die Lust geboten ist.

Zurückhaltung in der Gesetzesentscheidung: Man richte sich stets nach der strengeren Meinung, nehme aber auch auf die Meinung eines Einzelnen Rücksicht, wenn er einleuchtende Begründungen gibt. Wenn man sich für das Leichtere entscheiden könnte, nehme man die Erschwerung auf sich.

Zurückhaltung im gesellschaftlichen Umgang: Man bleibe für sich und nehme nicht am gesellschaftlichen Leben teil, damit man seinen Sinn völlig freihalte für die religiösen Pflichten und für die Gedankenarbeit in ihrem Dienst. Unerlässlich dabei ist das rechte Maß, damit man nicht ins andere Extrem umschlage. Denn: Man soll Anteil nehmen an allem, was die anderen Menschen berührt (Ketubot 17a).

Suche vor allem die Gesellschaft guter Menschen, soweit es für das »Lernen« und für den Broterwerb nötig ist. Und dann bleibe wieder für dich, um die Nähe deines Gottes zu gewinnen und auf den rechten Weg im echten Dienst an Gott zu gelangen. Sprich auch wenig, hüte dich vor leerem Geschwätz und sieh nicht hinaus über deine vier Ellen.

Die Methode, die Tugend der Zurückhaltung zu erwerben: Du darfst nicht mit einem Sprung an das Ziel gelangen wollen. Dass kann unmöglich glücken. Schritt für Schritt musst du in der Zurückhaltung gehen. Heute dir ein wenig aneignen, morgen etwas mehr davon, bis du dich völlig an sie gewöhnt hast und sie dir zur zweiten Natur geworden ist.

DIE REINHEIT

Baraita des Rabbi Pinchas ben Jair:

Die Tora führt zur Achtsamkeit,
die Achtsamkeit zum Eifer,
wer eifrig ist, wird lauter,
wer lauter ist, der übt Zurückhaltung,
die Zurückhaltung führt zur *Reinheit*,
die Reinheit zur Frömmigkeit.
die Frömmigkeit zur Demut, die
Demut zur Furcht vor der Sünde
und diese endlich führt zur Heiligkeit.

Die Reinheit besteht in der Vervollkommnung der innersten Regungen des Herzens. Übt man Zurückhaltung, so muss man doch in Hinblick auf das Wenige, das man genießt, die inneren Regungen des Herzens rein erhalten. Der Gedanke darf nicht auf die Begierde und den Genuss gerichtet sein, sondern allein auf das Gute, das aus dieser Handlung hervorgeht. So meint es Salomo, wenn er sagt: »In all deinen Wegen suche ihn zu erkennen, dann wird er deine Pfade ebnen.« (Prov. 3,6)

Nuancen unreiner Absicht

Der reinen Gedanken bedürfen nicht nur körperliche Handlungen, sondern auch die guten Werke. Es gibt dabei Nuancen, wie man »nicht in reiner Absicht« handelt.

Am schlimmsten ist, wenn einer gar nicht den Dienst an Gott im Auge hat, sondern nur daran denkt, seine Umgebung zu täuschen und Ehre und Reichtum zu ergattern. Von ihm sagen die Weisen, es wäre besser, er wäre nie geboren worden (Jer. Talmud Berachot I,7). Und der Prophet meint solche Menschen, wenn er sagt: »Wir waren alle wie Unreine und wie ein besudeltes Gewand all unsere Frömmigkeit.« (Jes. 64,5)

Eine andere Form ist die, Gott um des Lohnes willen zu dienen. Hier ist es zur Vollkommenheit noch eine weite Strecke.

Die sorgsamste Überlegung und die größte Arbeit ist dort erforderlich, wo die unlautere Absicht sich in die reine verstohlen eindrängt. So geht zum Beispiel einer aus reiner Absicht an die Ausübung einer Mizwa, weil sie von Gott geboten ist. Aber dennoch kann er es nicht lassen, damit eine Nebenabsicht zu verbinden: Er möchte dafür von seiner Umgebung gelobt werden oder einen Lohn für seine Handlung erhalten. Und auch wenn er nicht geradezu auf das Lob ausgeht, hört er sein Lob und nimmt es mit der Freude an seiner Gebotserfüllung noch genauer. Sicher ist das, was daran verboten ist, nur verschwindend gering, aber doch ist die Handlung durch eine derartige Beimischung nicht völlig rein.

David ermahnt seinen Sohn Salomo: »Alle Herzen erforscht Gott und kennt all ihr Dichten und Trachten.« (I. Chr. 28,9) Und die Weisen sagen: »Gott sieht aufs Herz.« (Sanhedrin 106b) Gott genügt nicht die Ausübung der Gebote. Das Wichtigste ist ihm die Reinheit des Herzens und seiner innersten Regungen. Das Herz ist wie ein König gegenüber allen Organen des Körpers und leitet sie. Stellt es sich nicht selbst in den Dienst Gottes, dann hat der Dienst der anderen Organe keinen Wert. Wohin die Regung des Herzens sie führt, dahin folgen sie. Deutlich genug heißt es in der Schrift: »Mein Sohn, gib mir dein Herz.« (Prov. 23,26)

Vom Erwerb der Tugend

Förderlich für den Erwerb der Tugend ist besonders ein Moment: Man bereite sich stets für den Gottesdienst und für die Ausübung der Mizwot vor! Das heißt, man trete nicht urplötzlich an die Erfüllung eines Gebotes heran, ohne sich zu sammeln, bevor man hat überlegen können, was man eigentlich tun will. Man bereite sich vielmehr vor, trete gesetzten Sinnes und mit Überlegung an die Sache heran. Dann wird man bedenken, welche Handlung man und vor wem man sie auszuüben gedenkt. Tritt man mit solchen

Gedanken heran, wird es einem leicht, alle Äußerlichkeiten und alle Nebenabsichten abzuwerfen und das Herz zu der reinen, Gott wohlgefälligen Absicht zu bestimmen.

Die alten Frommen warteten bekanntlich eine Stunde vor dem Gebet, um ihr Herz zur Andacht vor Gott zu stimmen (Berachot 30b). Sie haben zweifellos diese Stunde nicht mit Nichtstun verbracht. Sie haben vielmehr die andächtige Stimmung vorbereitet, die ihnen für das später folgende Gespräch nötig erschien: sich alle ungehörigen Gedanken aus dem Kopf geschlagen und sich mit den erforderlichen Gefühlen der Ehrfurcht und Liebe erfüllt. »Wolltest du dein Herz vorbereiten und dann zu ihm deine Hände ausstrecken.« (Hiob 11,13)

Die ungenügende Vorbereitung führt dazu, dass all das törichte Zeug, das in der Natur des Menschen durch die Materie gegeben ist, nicht verscheucht wird und nun dem Dienst an Gott ein übler Geruch anhaftet.

DIE FRÖMMIGKEIT

Baraita des Rabbi Pinchas ben Jair:

> Die Tora führt zur Achtsamkeit,
> die Achtsamkeit zum Eifer,
> wer eifrig ist, wird lauter,
> wer lauter ist, der übt Zurückhaltung,
> die Zurückhaltung führt zur Reinheit,
> die Reinheit zur *Frömmigkeit*,
> die Frömmigkeit zur Demut,
> die Demut zur Furcht vor der Sünde
> und diese endlich führt zur Heiligkeit.

Viele Bräuche und mancher Lebenswandel gehen unter der Flagge der Frömmigkeit. Und doch sind sie gewissermaßen nur unbehauenes Material der Frömmigkeit ohne Form, Gestalt und Vollendung. Denn die betreffenden Charaktere denken nicht tief genug nach und haben nicht das rechte Verständnis.

Sie bemühen sich nicht, sie strengen sich nicht an, in reiner und rechter Erkenntnis den Weg zu erfassen, der zu Gott führt.

Vielmehr treiben sie ihre eigene Art von Frömmigkeit, wie es sich trifft, wie es ihnen gerade einfällt.

Sie dringen nicht in die Tiefe, sie wägen es nicht auf der Waage der Weisheit. Diese Menschen haben bei der Masse der Menschen wie bei den Verständigen die Frömmigkeit in Verruf gebracht.

Die Leute meinen, die Frömmigkeit bestehe in nichtigen Dingen oder in solchen, die gegen den Verstand oder das klare Denken verstoßen. Sie glauben, die ganze Frömmigkeit bestehe in vielem Beten, in langen Sündenbekenntnissen, in lautem Weinen, in tiefem Verbeugen, in ausgefallenen Kasteiungen, mit denen man den Leib abtötet, in Tauchbädern und Eis und Schnee.

Aber das alles bildet durchaus nicht die Grundlage der Frömmigkeit. Mögen die erwähnten Formen der religiösen Betätigung als Begleiterscheinung der Frömmigkeit zu empfehlen sein, muss man jedoch sehr viel mehr in die Tiefe gehen, wenn man das eigentliche Wesen der Frömmigkeit richtig erkennen will.

Nur ein Weiser kann die Grundlagen der Frömmigkeit erfassen: ein Denken von großer Klugheit und eine Handlungsweise, die die höchste Vollendung erreicht. Darum heißt es: »Ein Unwissender kann kein Frommer sein.« (Sprüche der Väter II,5)

Wer dem Schöpfer in Liebe zugetan ist, der wird sich nicht damit begnügen, die allgemein bekannten Pflichten, die allen Israeliten auferlegt sind, zu erfüllen.

Es wird ihm ebenso gehen, wie es einem Sohn geht, der seinen Vater liebt. Hat der Vater ihm gelegentlich zu verstehen gegeben, dass ihm an einer Sache liegt, wird der Sohn doch alles daran setzen, das Betreffende nach Möglichkeit perfekt auszuführen. Diesem Sohn genügt nur ein Wink, er führt sogar das aus, was der Vater nicht ausdrücklich gesagt hat. Darf er doch annehmen, dass es dem Vater Freude machen wird.

Alle die, die ein wirkliches Band der Liebe umschlingt, die sagen nicht: »Das ist mir nicht ausdrücklich aufgetragen«. Vielmehr bemühen sie sich, all das zu tun, was dem anderen Freude machen wird.

So besteht also das Wesen der Frömmigkeit in einer erweiterten Ausführung der Gebote nach allen Richtungen und nach allen Möglichkeiten, die ausführbar sind.

Auch ist die Frömmigkeit das Gegenstück zur Tugend der Zurückhaltung. Die Zurückhaltung ist negativ auf die Verbote gewandt, die Frömmigkeit auf die Gebote. Beide laufen aber auf dasselbe hinaus: über das hinauszugehen, was ausdrücklich geboten ist.

Hauptmomente der Frömmigkeit

Drei Hauptmomente sind bei der Frömmigkeit zu unterscheiden:

1. die Handlung selbst,
2. die Art und Weise ihrer Ausführung,
3. die Absicht.

Bei den Handlungen gegenüber Gott kommt es darauf an, die Mizwot in allen ihren Feinheiten auszuüben. Die Frommen müssen darauf sehen, die Gebote in möglichster Vollendung auszuführen. Sie dürfen es an nichts fehlen lassen.

Gegenüber den Mitmenschen gilt das Prinzip des umfassenden Wohltuns: Tue den Menschen nur Gutes, nie etwas Böses, mit deinem Körper, deinem Vermögen, deinem Gemüt!

Hier haben wir alle Momente der Frömmigkeit vereinigt: R. Sera sagte: »Nie habe ich den Haustyrannen gespielt, nie mir den Vortritt genommen vor einem, der größer war als ich, an unreinem Ort habe ich nicht über Heiliges nachgedacht, bin nicht vier Ellen ohne Tora und Tefillin gegangen, habe nicht im Lehrhaus geschlafen noch geschlummert, freute mich nie, wenn einem anderen etwas missglückte, nannte nie meinen Nächsten mit seinem Spitznamen.« (Megilla 28a)

Die Liebestaten sind für die Frömmigkeit von höchster Bedeutung, denn »die Tora beginnt und endet mit einer Liebestat.« (Sota 14a)

Wer sich nicht überwinden kann und Liebe üben will, dem geschieht es nur recht, wenn auch mit ihm nach strengem Recht verfahren wird. Doch wer könnte vor Gott bestehen, wenn dieser streng nach dem Recht mit ihm verführe?

Wer aber Liebe übt, der empfängt auch Liebe

Ebenso wenig wie einem Menschen darf man einem Tier Schmerzen bereiten. Man soll es schonen und mit ihm Erbarmen haben. »Der Gerechte weiß, wie seinem Vieh zumute ist.« (Prov. 12,10)

Die Art und Weise echter religiöser Pflichterfüllung ruht auf den Säulen der Ehrfurcht und der Liebe.

Ehrfurcht

Unter den Begriff der Ehrfurcht fallen die Demut vor Gott, die Bescheidenheit im Dienst an ihm und die Ehrerbietung vor seiner Tora, seinem Namen und seinen Geboten.

»Wenn du betest, bedenke, vor wem du betest!« (Berachot 28b) Am besten erlangt man Ehrfurcht, wenn man sich drei Momente vor Augen führt: Zuerst stelle man sich vor, wirklich vor Gott zu stehen und ihm seine Anliegen vorzutragen. Dann denke man an Gottes Erhabenheit über jede Art der Vollkommenheit. Und schließlich denke man an seine eigene minderwertige und niedere Stellung, die der Mensch schon aufgrund der groben Materie seines Körpers einnimmt und umso mehr noch aufgrund der Sünden, die er in seinem Leben begangen hat.

Das meint die Schrift, wenn sie sagt: »Dient Gott mit Ehrfurcht, jubelt unter Zittern!« (Ps. 2,11)

Wer Gott und seinen Geboten Ehre erweisen will, muss ihn in Schönheit verherrlichen: durch schöne Zizit, schöne Tefillin, einen schönen Lulaw etc. (Schabbat 133b) Um die Ausübung einer Mizwa schön zu gestalten, musst du bis zu einem Drittel über den gewöhnlichen Preis gehen (Baba Kama 9a). Bis dahin geht es auf deine Rechnung, darüber hinaus jedoch rechnet es dir Gott an und segnet dich mit vielen Gütern.

Es ist also nicht allein mit der Ausübung der Mizwa getan, sie muss in besonderer Schönheit und Ästhetik ausgeführt werden. In herausragender Weise gilt dies für den Schabbat.

Die Ehrfurcht vor Gott bezeugt man außerdem durch die Ehrerbietung, mit der man der Tora und ihren Jüngern begegnet, außerdem wie man sich im Lehr- und Bethaus verhält. Was man im Palast eines mächtigen Herrschers unterlassen würde, soll man im Lehrhaus nicht tun.

Liebe

Unter den Begriff der Liebe fallen Freude, Hingebung und Eifer. Das Wesen der Liebe ist: Du musst geradezu leidenschaftlich danach Verlangen tragen, dich Gott zu nähern und nach Seiner Heiligkeit zu streben. Wie du deine Frau und deine Kinder liebst, in Freude und Lust erbebend.

Diese Liebe darf natürlich nicht eigennützig sein, weil Gott dem Menschen Gutes tut, weil er ihm Reichtum und Glück verleiht. Sondern es soll eine Liebe sein, wie zwischen Vater und Sohn: rein in der Natur begründet und von solcher Notwendigkeit.

Über die Absicht unserer Handlungen

Wer bei seiner religiösen Pflichterfüllung die Absicht hat, seine Seele vor dem Schöpfer zu läutern, damit sie einst vor Seinem Antlitz im Kreis der Guten und Frommen weilen und all das Liebliche um Gott schauen dürfe, von dem können wir nicht sagen, dass er eine schlechte Absicht hat. Und doch handelt er nicht in bester Absicht. Denn wer noch an das eigene Glück denkt, erfüllt seine religiösen Pflichten aus Eigennutz. Reine Absicht handelt aus dem Bemühen, Gottes Herrlichkeit zu erhöhen und zu erweitern.

Bei der Frömmigkeit gilt es abzuwägen. Das ist die schwerste Arbeit. Er muss die Folgen und die Verhältnisse je nach Zeit und Ort, nach den Personen und der Gesellschaft berücksichtigen. Denn der böse Trieb findet da leicht eine Pforte, durch die er hindurchschlüpfen kann.

Drei Dinge soll man dabei erstreben: die vollkommen reine Absicht, die sorgfältige Prüfung. Vor allem aber gilt es, sich vertrauensvoll in Gottes Hand zu geben.

Was hilft uns wohl am meisten bei der Aneignung der Frömmigkeit? Umfassendes und tiefes Nachdenken und Überlegen.

Dazu aber müssen wir uns in unsere Kammer zurückziehen und all unser Wissen und unsere Einsicht darauf konzentrieren. Eine gute Hilfe ist hier das fleißige Lesen der Psalmen Davids und eine Vertiefung in ihren Inhalt. Sie sind alle erfüllt von Ehrfurcht und Liebe und führen zur Frömmigkeit. Wer sich in sie vertieft, in dem muss sich das stürmische Verlangen regen, Davids Spuren zu folgen und in seinen Wegen zu wandeln.

Die Hindernisse auf dem Weg zur Frömmigkeit aber sind die Vielgeschäftigkeit und die Sorgen. »Die Herrlichkeit Gottes lässt sich nicht auf den Menschen herab, wenn er voll Sorge ist.« (Schabbat 30b)

Noch größere Hindernisse bieten Genüsse und Freuden. Sie betören das Herz, es muss ihnen folgen, es übt keine Zurückhaltung mehr und verlässt den Weg zur wahren Erkenntnis.

Schutz und Rettung vor diesen Hindernissen finden wir im Gottvertrauen. Auf Gott müssen wir alles werfen, was uns drückt, und wir müssen in der Überzeugung leben, dass dem Menschen nichts vorenthalten werde, was ihm bestimmt sei.

»Keiner kann an das, was für den anderen bestimmt ist, auch nur um Haaresbreite rühren.« (Joma 38b)

DIE DEMUT

Baraita des Rabbi Pinchas ben Jair:

> Die Tora führt zur Achtsamkeit,
> die Achtsamkeit zum Eifer,
> wer eifrig ist, wird lauter,
> wer lauter ist, der übt Zurückhaltung,
> die Zurückhaltung führt zur Reinheit,
> die Reinheit zur Frömmigkeit,
> die Frömmigkeit zur *Demut*,
> die Demut zur Furcht vor der Sünde
> und diese endlich führt zur Heiligkeit.

Das allgemeine Prinzip der Demut ist, sich in keiner Beziehung für etwas Besonderes zu halten. Zweierlei ist wesentlich: bescheiden von sich denken und sich bescheiden benehmen. Das eine folgt auf das andere.

Bescheiden von sich denken

Das Wissen zum Beispiel pflegt leicht zu Überhebung und Hochmut zu führen. Es ist ja in der Tat ein Vorzug, der das Vornehmste und Innere des Menschen berührt: den Verstand. Und doch gibt es keinen Gelehrten, der nicht auch einmal irrte, der nicht von seinen Fachkollegen und oft genug auch von seinen Schülern lernte. Wie käme er also dazu, sich wegen seines Wissens zu überheben?

Wie es R. Jochanan, der Sohn Sakkais, ausgesprochen hat: »Hast du viel Tora gelernt, so halte dir darauf nichts zugute; denn dazu bist du ja erschaffen.« (Sprüche der Väter II,9)

Alle sind nur wie Diener in einem Haus. Jeder hat seine Obliegenheit und hat treu das Amt auszufüllen, das er erhalten hat, damit die Arbeit im Haus und was dazugehört möglichst vollkommen ausgeführt werde. Da ist kein Raum für irgendwelche Überhebung.

Und sollte sonst keine Unvollkommenheit am Menschen zu finden sein, dann die, dass er durch eine Frau geboren ein Wesen aus Fleisch und Blut ist. Das alleine weist ihm eine so niedrige und tiefe Stellung zu, dass jede Überhebung ungebührlich ist.

Jeder Vorzug, den er erwirbt, ist dann nur ein Geschenk der Liebe Gottes, mit dem er nach seinem Willen begnadet wird. Seiner Natur und seiner Materie nach ist er ja völlig unbedeutend und verächtlich.

So ist es bei jedem, der seine Augen offen behält für eine richtige Selbsteinschätzung, wenn er von Gott mit guten Gaben bedacht wird.

Selbst die großen frommen Männer mussten es bei all ihrer Frömmigkeit büßen, wenn sie sich darauf etwas zugute hielten. So sagt Hiskia: »Bei allem Heil widerfuhr mir Bitteres.« (Jes. 38,17) Er hatte nämlich auf sein eigenes Verdienst gepocht: »Denke doch daran, wie ich vor dir in Treue gewandelt bin.« (Jes. 38,3) So lautet auch ein Ausspruch: »Wer sein eigenes Verdienst in den Vordergrund rückt, dem gibt man zu verstehen, dass ihm das Verdienst anderer beisteht.« (Berachot 10b)

Vier Schritte, sich bescheiden zu benehmen

Man soll ein bescheidenes Wesen zeigen, Beleidigungen geduldig hinnehmen, jede führende Stellung und jede Ehrenbezeugung meiden und schließlich allen Menschen Ehre erweisen.

Ein bescheidenes Wesen soll man zeigen, wenn man spricht, wenn man geht oder sitzt, in allen Bewegungen.

Wie man spricht

Man soll sanft mit den Menschen reden, wie es heißt: »Die Weisen lassen sich sanft vernehmen.« (Koh. 9,17) Man soll in seinen Worten Rücksicht auf die Ehre des anderen nehmen und ihm keine Verachtung entgegenbringen, denn »den Nächsten behandelt verächtlich, wem es an Verstand fehlt.« (Prov. 2,12)

Wie man geht

Man soll nicht mit hochgerecktem Hals umhergehen, als ob man die Füße nicht heben könnte, den einen Fuß hart vor den anderen setzen, sondern wie alle anderen Leute, die ihren Geschäften nachgehen. »Die ihren Kopf hochtragen, werden gefällt.« (Jes. 10,33)

Wie man sitzt

Man wähle seinen Ort unter den Niedrigen und nicht unter den Hohen. »Dränge dich nicht vor den König und stelle dich nicht auf den Platz der Großen. Denn es ist besser, dass man zu dir sage: Komm hier herauf, als dass man dich heruntersteigen lasse …« (Prov. 25,6 f.)

Im Midrasch steht: »Halte dich von dem dir gebührenden Ort noch zwei bis drei Stufen fern und setze dich dorthin, wo man dir sagt: »Komm doch herauf.« (Wajikra Rabba 1,5)

»Wer in diesem Leben groß dasteht, wird im Jenseits klein dastehen.« (Jalkut zu Ez. 21,31)

Im Talmud heißt es: »Man soll von seinem Schöpfer lernen. Gott hat all die hohen Berge übergangen und seine Herrlichkeit auf dem Berg Sinai ruhen lassen, gerade weil er niedrig ist.« (Sota 5a)

Beleidigungen geduldig hinnehmen

Die Weisen sagen ausdrücklich: »Wem vergibt Gott die Schuld? Dem der selbst über einen Frevel verzeihend hinwegsieht.« (Rosch Haschana 17a)

Von der Sanftmut Babas, des Sohnes von Buta, wird uns erzählt: Eine Frau hatte in missverständlicher Auffassung eines Auftrages ihres Mannes auf dem Kopf dieses Gelehrten, als er gerade dem Gericht präsidierte, zwei Lampen zerbrochen. Er fragte sie nur: »Wie kommst du dazu?« Und als sie ihm erwiderte: »So hat mir mein Mann befohlen«, sprach er: »Du hast den Willen deines Gatten ausgeführt. Mögen dir zwei Söhne beschert werden, die mir an Gelehrsamkeit gleichkommen.«

Jede führende Stellung und Ehrenbezeigungen meiden

Das steht klipp und klar in der Mischna: »Liebe die Arbeit und hasse das Amt.« (Sprüche der Väter 1,10) Und: »Wer auf der Jagd nach Ehren ist, den fliehen sie.« (nach Erubin 13b)

Solange einer für sich unter den Menschen wohnt und ganz in der Menge verschwindet, trägt er die Verantwortung nur für sich. Sobald er aber zu Amt und Würden gelangt ist, trägt er die Verantwortung für alle, die seiner Macht und seiner Leitung unterstehen. Denn er hat ja die Pflicht, auf alle zu achten, sich um sie überlegt und verständig zu kümmern und dafür zu sorgen, dass sie recht handeln. Und wenn das nicht geschieht, dann »ruht die Schuld auf den Führern«, bemerken die Weisen (Dewarim Rabba I,10).

Die Sucht nach Ehre ist eitel Tand. Sie lässt dem Menschen seine Pflichten vergessen und alles, was er sich und seinem Schöpfer schuldig ist.

Allen Menschen Ehre erweisen

»Wer wird als Ehrenmann angesehen? Der die anderen ehrt.« (Sprüche der Väter IV,1)

Von R. Jochanan, dem Sohn des Sakkai, erzählt man, er sei jedem, Jude oder Nichtjude, auf dem Markt mit dem Gruß zuvorgekommen (Berachot 17a).

So gilt also von der Demut: »Ist die Weisheit eine Krone für das Haupt, so ist die Demut ein Stützpunkt für den Schuh.« (Jer. Talmud, Schabbat I,3)

Zweierlei führt zur Demut: Gewöhnung und Nachdenken.

Gewöhnung

Man gewöhne sich allmählich ein bescheidenes Benehmen an. Man setze sich immer auf einen unbedeutenden Platz, halte sich immer zurück in der Gegenwart anderer, kleide sich bescheiden, anständig, aber nicht prächtig.

Wer sich an dergleichen gewöhnt, in dessen Herz zieht allmählich ganz von selbst die Demut ein und findet auf Dauer ihren Platz.

Das Herz des Menschen ist nun einmal von Natur aus zu Anmaßung und Überheblichkeit veranlagt. Diese natürliche Neigung mit der Wurzel auszureißen, ist sehr schwierig. So müssen denn die äußeren Mittel, die einem zu Gebote stehen, angewandt werden, damit man durch sie allmählich auch das innere beeinflusst, dass man nicht so sehr in eigener Gewalt hat.

Nachdenken

Akawja, der Sohn des Mahalalel, sagt so: »Bedenke, woher du gekommen bist: aus verwestem Keim! Wohin du gehst: an einen Ort voller Staub, Maden und Würmer! Und vor wem du einst Rechenschaft ablegen musst: vor dem König aller Könige, dem Heiligen, gelobt sei er!« (Sprüche der Väter III,1)

Bedenkt der Mensch die Niedrigkeit seiner Herkunft, hat er keinen Grund zur Überhebung. Es kann ihn nur das Gefühl der Beschämung überkommen. Es ist so, als ob ein Schweinehirt zur Regierung käme. So oft er an seine Vergangenheit denkt, muss ihm jede Überhebung fern liegen.

Und denkt er weiter, dass er zum Staub zurückkehrt und dort zum Fraß der Würmer wird, dann wird sein Stolz weiter gebeugt und sein Hochmut gedämpft.

Und stellt er sich das göttliche Gericht vor, wie er unrein und befleckt durch seine Handlungen vor dem König der Könige steht, was könnte er schon antworten, wenn man ihn fragt: Wo ist dein Mund, wo ist dein Stolz, wo die Ehren, die du in deiner Welt errungen hast? Dann wird aller Hochmut wie weggeblasen sein.

Und denkt er an die Wechselfälle der Zeit: Der Reiche wird nur allzu leicht arm, der Herrscher zum Knecht, der Vornehme zum Niedrigen. Denkt er an Krankheit und Elend. Reicht das nicht aus, um dem Menschen seinen Hochmut aus dem Herzen zu reißen, ihn in Demut zu kleiden und ihm sein Selbstbewusstsein zu nehmen?

Bedenkt man dann noch die Pflichten, die man gegen Gott hat, und wie man sie vernachlässigt und sich nicht um sie kümmert, dann wird statt der Überhebung das Gefühl der Scham erwachen, statt des Hochmuts das Gefühl der Schande.

Vor allem aber halte man sich beständig die Schwäche des menschlichen Verstandes vor Augen und die vielen Irrtümer und Täuschungen, denen er unterworfen ist. Und die Tatsache, dass ihm der Irrtum immer viel näher liegt als die richtige Erkenntnis.

Darum fürchte er sich stets vor dieser Gefahr und suche von jedem Menschen zu lernen und Ratschläge anzuhören, damit er nicht strauchle. Wie die Alten sagen: »Wer ist weise? Der von jedem Menschen lernt.« (Sprüche der Väter IV,1)

Die Hindernisse auf dem Weg zu dieser Tugend bestehen vor allem im übermäßigen Genuss der Güter dieser Welt. Am meisten Schuld hat freilich Unwissenheit und mangelnde Einsicht. Je dümmer einer ist, desto unbescheidener wird er sein.

Die Weisen sagen: »Der Hochmut kündigt sich an durch armseliges Wissen in der Tora.« (Sanhedrin 24a) Und: »Wenn einer sich rühmt, dann weiß er sicherlich gar nichts.« (Sohar zu Numeri 22,5) Denn: »Ist nur ein Pfennig im Krug, dann klappert es am meisten.« (Baba Mezia 85a)

Ein weiteres Hindernis auf dem Weg zur Demut ist es, wenn wir uns mit Heuchlern umgeben, sei es zur Gesellschaft oder als Dienerschaft. Aus eigennütziger Absicht wollen sie unser Herz dadurch gewinnen, dass sie uns loben und rühmen, unsere Vorzüge in den Himmel heben und sie kräftig übertreiben.

Der Mensch lässt sich leicht betören. Worte aus dem Mund eines Vertrauten wirken dann wie das gefährlichste Gift. Man fällt dem Hochmut ins Netz und kommt zu Schaden.

Darum sagt der König David: »Nur wer den vollkommenen Weg wandelt, soll mein Diener sein …« (Ps. 101,6)

DIE FURCHT VOR DER SÜNDE

Baraita des Rabbi Pinchas ben Jair:

Die Tora führt zur Achtsamkeit,
die Achtsamkeit zum Eifer,
wer eifrig ist, wird lauter,
wer lauter ist, der übt Zurückhaltung,
die Zurückhaltung führt zur Reinheit,
die Reinheit zur Frömmigkeit,
die Frömmigkeit zur Demut,
die Demut zur *Furcht vor der Sünde*
und diese endlich führt zur Heiligkeit.

Furcht vor der Sünde ist von hoher, prinzipieller Bedeutung und schwer zu erringen. Nur der wird es vermögen, der all die oben

erwähnten Tugenden sich zu eigen macht.

Zweierlei Arten von Furcht gibt es und die zweite davon ist wieder in zwei zu gliedern.

Die eine ist die Furcht vor Strafe und sehr leicht zu erwerben.

Die andere ist die Ehrfurcht, zu der die Furcht vor der Sünde sich als Untergattung gesellt. Sie ist furchtbar schwer. Wer sie sich in Vollkommenheit angeeignet hat, hat eine bedeutsame Strecke auf dem Weg zur Vollendung zurückgelegt.

Furcht vor Strafe

Was Furcht vor Strafe ist, ist klar. Man fürchtet sich, den Befehl Gottes zu übertreten, wegen der körperlichen oder seelischen Strafen, die damit verbunden sind. Jeder Mensch ist sich selbst der Nächste und fürchtet sich. Nichts ist besser dazu geeignet, ihn von einem Vorhaben abzuhalten, als die Furcht, es könnte ihm dadurch ein Unglück zustoßen.

Ehrfurcht

Die zweite Art war die Ehrfurcht. Man hält sich von der Sünde fern um der Ehre Gottes willen. Die Ehrfurcht wird nicht so leicht erworben. Sie kann nur entstehen, wenn man sich in die Gedanken von der Größe Gottes und der Minderwertigkeit des Menschen vertieft. Von dieser Ehrfurcht haben wir bereits im Zusammenhang mit der Frömmigkeit gesprochen.

Furcht vor Sünde

Die Furcht vor der Sünde gehört mit zur Ehrfurcht und ist doch etwas anderes, ihr Wesen besteht darin, dass man stets bei seinen Handlungen ängstlich auf die Vermeidung von Sündhaftem bedacht sei, um sich nicht gegen die Herrlichkeit und erhabene Ehre Gottes zu vergehen.

Während sich die Ehrfurcht auf eine bestimmte Handlung bezieht, z. B. beim Gottesdienst oder an der Schwelle zur Schuld, muss die Furcht vor der Sünde zu jeder Stunde rege sein. Jeden Augenblick muss der Mensch doch fürchten, er könne straucheln und damit die Sünde Eingang finden in seine Handlungen. Das meint die Schrift mit den Worten: »Heil dem Manne, der stets ängstlich bedacht ist.« (Prov. 28,14)

Darin besteht die rechte Furcht: Man soll immer und ständig ängstlich bedacht sein, sodass die Furcht einen nie mehr verlässt.

Diese Furcht begegnet uns in zweifacher Gestalt. Die eine bezieht sich auf die Gegenwart oder Zukunft, die andere auf die Vergangenheit.

In der Gegenwart soll ein jeder ängstlich besorgt sein um das, was er tut oder tun will. Es könnte etwas daran sein oder sich hineinmischen, das der Ehre Gottes nicht entspricht.

Über die Vergangenheit soll man beständig nachdenken, aus Angst, man könne sich unwissentlich eines Vergehens schuldig gemacht haben.

So brachte Baba, der Sohn Butas, täglich das Schuldopfer dar, das für eine zweifelhafte Sünde darzubringen ist (Keritot 25a). Und von Hiob erzählt die Schrift, er habe immer nach einem Gelage seiner Söhne schon am frühen Morgen für jeden von ihnen ein Opfer gebracht, denn »vielleicht haben meine Söhne gesündigt.« (Hiob 1,5)

Jeder Fromme muss sich bemühen, sich von der Furcht vor der Sünde so viel wie möglich zu eigen zu machen. Denn die Schrift sagt: »Fürchtet Gott, ihr, Seine Heiligen.« (Ps. 34,10)

Will man die Furcht vor der Sünde erlangen, sollte man zwei Momente bedenken. Zum einen, dass Gottes Herrlichkeit allgegenwärtig ist. Zum anderen, dass Gott auf das Kleine wie auf das Große achtet und dass nichts vor seinen Augen verborgen bleibt. Das Große und das Kleine, das Minderwertige und das Wertvolle sieht und beachtet Gott ohne Unterschied. Gott sagt: »Erfülle ich nicht den Himmel und die Erde?« (Jer. 23,24) »Erhaben ist Gott und sieht den Niedrigen und erkennt den Stolzen von ferne.« (Ps. 138,6)

Wenn wir uns klargemacht haben, dass wir überall vor Gottes Herrlichkeit stehen, wird uns ganz von selbst die Furcht beschleichen. In den Sprüchen der Väter heißt es dazu: »Bedenke, was über dir ist: ein Auge, das sieht; ein Ohr, das hört; und alle deine Taten werden in dem Buch (von Gut und Böse) verzeichnet.« (Sprüche der Väter II,1)

Vom Torastudium

Wenn Nachdenken das beste Mittel ist, um die Gottesfurcht als dauerhaftes Gut zu erwerben, dann richtet man sich umgekehrt das größte Hindernis auf, wenn man es sich unter dem Druck der Arbeit oder aus freien Stücken aus dem Kopf schlägt.

Darum hat Gott dem König geboten, er solle die Torarolle immer mit sich führen und in ihr jeden Tag lesen, damit er lerne, den Ewigen, seinen Gott zu fürchten (Dt. 17,19).

Daraus ergibt sich, dass die Gottesfurcht nur gewonnen wird, wenn man ununterbrochen von ihr liest. Die Furcht vor der Sünde kann nur durch Studium erworben werden. Dieses Studium muss sich aber auf die Tora konzentrieren und all das, was mit ihr zusammenhängt. Man muss sich darin ständig vertiefen, sei man zu Hause oder auf der Reise, wenn man sich niederlegt und wenn man aufsteht, bis man von der Überzeugung völlig durchdrungen ist, dass wir zu jeder Zeit und jeder Stunde vor Gott stehen.

DIE HEILIGKEIT

Baraita des Rabbi Pinchas ben Jair:

> Die Tora führt zur Achtsamkeit,
> die Achtsamkeit zum Eifer,
> wer eifrig ist, wird lauter,
> wer lauter ist, der übt Zurückhaltung,
> die Zurückhaltung führt zur Reinheit,
> die Reinheit zur Frömmigkeit,
> die Frömmigkeit zur Demut,
> die Demut zur Furcht vor der Sünde
> und diese endlich führt zur *Heiligkeit.*

Aus eigener Kraft und dennoch geschenkt

Die Tugend der Heiligkeit wird auf zweifache Weise gewonnen. Zuerst ist sie ein Produkt der Arbeit im Dienst an Gott. Dann aber ist sie auch ein Teil des Lohnes, den Gott gewährt; zunächst also ein Ergebnis angestrengter Mühe, dann aber eine freie Gabe des Himmels. Zuerst muss der Mensch sich selbst heiligen, dann empfängt er seinerseits die Weihe. »Heiligt man sich selbst, erhält man noch größere Weihe, heiligt man sich hier unten, empfängt man die Weihe von oben.« (Joma 39a)

Die eigene Mühe besteht nun darin, sich dem Materiellen völlig zu entziehen und zu jeder Zeit und Stunde in innige Beziehung zu Gott zu treten. Auch wenn ein Mensch die materiellen Handlungen ausübt, zu denen er durch seinen Körper gezwungen ist, so lasse seine Seele doch nicht von der Hingebung an den Höchsten. Wie es heißt: »An Dir hängt treu meine Seele, aufrecht hält mich Deine Rechte.« (Ps. 63,9)

Freie Gabe des Himmels

Freilich ist es dem Menschen nicht gegeben, sich aus eigener Kraft auf diese hohe Stufe zu schwingen. Darum meinte ich, dass die Heiligkeit letzten Endes eine freie Gabe des Himmels ist.

Der Mensch kann nur all seine Mühe darauf verwenden, sich energisch und unablässig in das wahre Wesen und den Begriff der heiligen Handlungsweise zu vertiefen. Dann tritt Gott ein und ebnet ihm den Pfad, den er zu gehen sucht, und lässt Seine Heiligkeit auf ihm ruhen und heiligt ihn.

Dann erst glückt es dem Menschen, in Hingebung an Gott unablässig festhalten zu können. Mit Gottes Hilfe und Beistand besiegt der Mensch die Hindernisse, die ihm von Natur aus im Weg stehen. »Er versagt das Glück denen nicht, die in Vollkommenheit von Ihm wandeln.« (Ps. 84,12)

Wer aber durch Gott geheiligt wird, bei dem werden auch die materiellen Verrichtungen zu wahrhaft heiligen Handlungen. Wie z. B. das Essen des heiligen Opferfleisches die Erfüllung eines göttlichen Gebotes ist und die Weisen dazu bemerken: »Die Priester essen es und erwirken dadurch denen die Sühne, für die das Opfer dargebracht worden ist.« (Sifra zu Lev. 10,17)

Der Unterschied zwischen der Tugend der »Reinheit« und der »Heiligkeit« ist leicht zu erkennen. Dem »Reinen« sind die materiellen Handlungen ein Tribut an die Natur. So vollzogen, verlieren sie alles Schlimme und Materielle und werden rein. Dadurch erhalten sie aber noch nicht den Charakter heiliger Handlungen, denn sie gelten ja nur als notwendiges Übel.

Doch für den »Heiligen«, der in der Hingebung an seinen Gott aufgeht und dessen Seele voller Liebe und Ehrfurcht vor seinem Schöpfer im Licht der reinen Ideen wandelt, ist schon sein irdischer Lebenswandel gleichbedeutend mit dem Wandel vor Gott im Land des ewigen Lebens. Er gleicht einem Heiligtum, Tempel, einem Altar; denn die göttliche Herrlichkeit ruht auf ihm, wie sie über dem Tempel lagerte. So ist auch die Speise, die sie genießen, mit dem Opfer zu vergleichen, das auf der Feuerstätte dargebracht wird.

Und wie alles geadelt wurde, was auf den Altar kam und der göttlichen Heiligkeit dargebracht wurde, so wird Speis und Trank dadurch geadelt, dass sie der

»Heilige« genießt und erhält dadurch den Charakter eines Opfers.

Dies ist der Sinn der talmudischen Sätze: »Wenn man einem frommen jüdischen Weisen ein Geschenk bringt, so ist es, als hätte man das Opfer der Erstlingsfrucht dargebracht.« (Ketubot 105b) Oder: »Will einer ein Trankopfer bringen, so mag er den frommen Weisen Wein zu trinken geben.« (Joma 71a)

Der fromme Weise ist dabei nicht darauf aus, dass man ihm Speis und Trank in die gierige Kehle gösse. Vielmehr vertritt der Weise, der durch sein Leben und seine Handlungen nach Heiligkeit strebt, den Tempel und den Altar. Auf diesen frommen Weisen ruht die göttliche Herrlichkeit, wie sie auf dem Tempel ruhte.

Das Wesen der Heiligkeit

Das Wesen der Heiligkeit beruht also in einer Hingebung an Gott, die in jeder Handlung des Menschen zum Ausdruck kommt. Diese Hingebung adelt auch die materiellen Dinge, von denen der Fromme Gebrauch macht. Er wird nicht durch sie herabgezogen, sondern das Materielle seines Lebens wird in eine höhere Sphäre gehoben.

Das wird jedoch nur erreicht, wenn alles Sinnen und Denken auf Gottes Größe, Erhabenheit und Heiligkeit gerichtet ist. Dann gesellt sich der fromme Weise schon im Diesseits zur Schar der Engel.

Selbst beitragen kann der Mensch dazu nur dadurch, dass er all seine Energie und Arbeitskraft auf das Ziel richtet. Darüber hinaus ist Voraussetzung, dass er all die Tugenden besitzt, die wir bisher besprochen haben, von der Achtsamkeit bis hin zur Furcht vor der Sünde. Dann wird es ihm glücken, »in das Heiligtum zu gelangen.« (nach Lev. 16,3)

Wenn aber diese Vorbedingungen fehlen, ist er wie einer, der mit einem Fehler behaftet ist. Ein Fremder, von dem es heißt: »Der Fremde darf sich nicht nähern.« (Num. 18,4)

Den Engeln gleich

Wenn der Mensch jedoch all diese Vorbereitungen getroffen hat und sich mit der ganzen Kraft der Liebe und der tiefsten Ehrfurcht in die Größe Gottes und seine gewaltige Erhabenheit vertieft, dann löst er sich allmählich von allem Irdischen, richtet seinen Sinn auf die Kraft des Verborgenen, bis sich der Geist aus der Höhe auf ihn niedersinkt und der Schöpfer Seinen Namen auf ihm ruhen lässt, so wie er es mit all seinen Heiligen hält.

Dann wird der Mensch recht eigentlich zu einem Engel Gottes und alle seine Handlungen, auch die niedrigsten, rein körperlichen, werden zu einem Opfer und zu einem Gottesdienst.

Allzu große Geselligkeit

Als Hindernisse auf dem Weg zur Heiligkeit gelten die unvollkommene Erkenntnis der letzten und höchsten Wahrheiten sowie allzu große Geselligkeit. Denn aus der materiellen Ausrichtung der Umgebung nähren sich schlimme Kräfte: Die Seele bleibt gebunden und kann ihre Fesseln nicht sprengen.

Trennt der Mensch sich aber von seiner materiellen Umgebung und trifft seine Vorbereitungen, damit die Heiligkeit sich auf ihm niederlassen kann, dann »führt man ihn auf den Weg, den er selbst einzuschlagen entschlossen ist.« (nach Makkot 10b) Unter Gottes Beistand gewinnt seine Seele immer mehr die Kraft, das Körperliche zu überwinden, sich der Heiligkeit Gottes hinzugeben und immer höhere Vollkommenheit durch Gott zu erwerben, bis dass die Seele sich zu einer höheren Stufe emporschwingt, die eigentlich die menschliche Fassungskraft übersteigt, zur Stufe des »heiligen Hauchs«.

Der Schlüssel des Lebens

Ja, die Hingebung des Menschen an den Schöpfer kann ihn auf jene gewaltige Höhe führen, auf der er über den Tod Macht gewinnt, wie Elia und Elischa einst Tote wieder zum Leben erweckten.

Dann kommt das Wesen der Hingebung am deutlichsten zum Ausdruck: Der Mensch ist zu einem Teil des Göttlichen geworden.

Denn Gott ist der Quell des Lebens. Durch Ihn lebt alles, was lebt. Die Weisen haben das in einem Bild ausgedrückt: »Drei seiner Schlüssel vertraut Gott keinem Boten an, unter ihnen den Schlüssel, der die Pforte öffnet, die vom Tode zum Leben führt.« (Taanit 2a)

So kann denn die völlige Hingabe an Gott dem Menschen die Kraft verleihen, die eigentlich Gott allein vorbehalten ist und die sein Wesen mehr als alle anderen Attribute auszeichnet: die Kraft und Macht des Lebens.

Darum schließt die Baraita des Rabbi Pinchas ben Jair, an der entlang wir uns haben führen lassen, mit folgenden Worten:

> … und die Heiligkeit führt zum
> göttlichen Hauch und der
> göttliche Hauch führt zur Kraft,
> die Toten wieder zu beleben!

Ende

Ehre allein dem Schöpfer der Welt.

GLOSSAR

Baal Schem Tow: eigentlicher Name Israel ben Elieser, charismatischer Begründer der volkstümlichen Frömmigkeitsbewegung des Chassidismus in Osteuropa, geb. um 1700 in Okop, gest. 1760 Miedzyboz (Schlesien).

Baraita (»die draußen befindliche Lehre«): jede Tradition, die nicht Eingang in die ➛ Mischna gefunden hat. Die argumentative Stärke einer B. liege unter der von autoritativen Texten der Mischna.

Chassidim (»die Frommen«), Adjektiv: chassidisch: Eine jüdische Gruppierung, die Mitte des 18. Jh. in Osteuropa als Erneuerungsbewegung entstand. Heute ein Teil der Ultra-Orthodoxie.

Halacha (»der Wandel«), Adjektiv: halachisch: Das jüdische Gesetz, das sich auf die Bibel und die rabbinische Literatur gründet.

Hillel: bedeutender rabbinischer Gelehrter, Ende des 1. Jh. d. Z. in Babylonien geboren, gest. Anfang des 2. Jh. Deutete die Gesetze oft im Gegensatz zu seinem Widersacher Schammai und auf menschenzugewandte Weise. In den meisten Fällen folgt die ➛ Halacha seinem Urteil.

Hiskia: König von Juda, 725–697 v. d. Z.

Kaschrut (»Eignung«): Speisegesetze über verbotene und erlaubte Nahrungsmittel.

Koscher (»geeignet«): Nahrung, die Jüdinnen und Juden nach den Speisegesetzen essen dürfen.

Lulaw (»Palmzweig«): Der größte Zweig im Feststrauß am Laubhüttenfest (»Vier Arten«), oft pars pro toto die Bezeichnung des ganzen Straußes. Er besteht neben dem Palmzweig aus zwei Weidenruten und drei Myrtenzweigen.

Midrasch (*hebr.* »darasch«): suchen, lernen. Bezeichnung für die rabbinische Auslegung der Bibel seit dem 3. Jh. d. Z.

Mischna (mündl. Lehre, wörtl.: »Wiederholung«): Sammlung rabbinischer Texte, Redaktion wird Jehuda ha-Nassi zugeschrieben, nach 200 d. Z. abgeschlossen.

Mizwa (»Gebot«), Plural: Mizwot: Eines der 613 Gebote der Bibel. Ebenso allgemein eine gute Tat. Auch eine Ehrung in einem Synagogengottesdienst.

Mussar-Bewegung (*hebr.* mussa = »Moral«): die Mussar-Bewegung entstand Mitte des 19. Jh. innerhalb des orthodoxen Judentums in Litauen. Ziel war die Erbauung des einzelnen durch eine strenge ethische Lebensweise im Geist der Halacha.

Nasirat: vgl. Numeri 30, im Stand des Nasirats stehende Menschen (= Nasiräer) legten ein besonderes Gelübde der asketischen Lebensführung ab.

Schabbat (»Pause«): Der Ruhetag. der am Freitagabend beginnt und am darauffolgenden Abend nach Sonnenuntergang endet.

Schabbatianismus: Eine Bewegung im 17. Jh., die

Schabbatai Zwi für den Messias hielt. Nach dessen Konversion zum Islam geriet sie in Misskredit, dennoch hielten einige Anhänger an ihrem Glauben fest.

Scha'atnes (Mischgewebe): Kleidungsstück aus einem Gemisch aus Wolle und Leinen, das nach Levitikus 19,19 verboten ist.

Tallit (»Überwurf«): Viereckiger Gebetsschal mit ➛ Zizit.

Talmud (»Lehre«): Rabbinischer Kommentar über die Mischna, hauptsachlich in aramäischer Sprache. Wird auch Gemara genannt. Der Talmud wurde um 400 d. Z. in einer palästinischen Version und um 500 d. Z. in babylonischer Version redigiert. Letzterer setzte sich als autoritativ durch und wurde die Quelle für das jüdische Gesetz.

Tefillin (»Gebetskapseln«): Lederbehälter, die das jüdische Glaubensbekenntnis enthalten und die man entsprechend der Anweisung in Deuteronomium 6,8 während des täglichen Morgengebets auf dem Kopf und am Arm trägt.

Tora (»Lehre«): Die fünf Bücher Moses. Wird auch erweitert benutze, um die gesamte jüdische Lehre zu bezeichnen.

Zedaka (»Gerechtigkeit«): Hebräische Bezeichnung für Wohltätigkeit im allgemeinen Sinne. Sie umfasst aktive Nächstenliebe und Spenden für gemeinnützige Zwecke.

Zizit (»Quasten«): Die Quasten an den vier Ecken eines ➛ Tallit, die an die Gebote erinnern.

Über den Herausgeber

Landesrabbiner a. D. Walter Homolka PhD (King's College London, 1992), PhD (University of Wales Trinity St. David, 2015), DHL (Hebrew Union College New York, 2009), Ordentlicher Universitätsprofessor für Jüdische Religionsphilosophie der Neuzeit an der Universität Potsdam, geschäftsführender Direktor der School of Jewish Theology und Rektor des Abraham Geiger Kollegs. Direktor des Ernst Ludwig Ehrlich Studienwerks und Chairman der Leo Baeck Foundation. U. a. Mitglied der französischen Ehrenlegion.